# Pflanzlicher Proteingeschmack: Tempeh- und Seitan-Kochbuch

Werten Sie Ihre Mahlzeiten mit gesunden und geschmackvollen Köstlichkeiten auf pflanzlicher Basis auf

Peter Bauer

© Copyright 2023 – Alle Rechte vorbehalten.

Das folgende Buch wird im Folgenden mit dem Ziel wiedergegeben, Informationen bereitzustellen, die so genau und zuverlässig wie möglich sind. Unabhängig davon kann der Kauf dieses Buches als Zustimmung zu der Tatsache angesehen werden, dass sowohl der Herausgeber als auch der Autor dieses Buchs in keiner Weise Experten für die darin behandelten Themen sind und dass alle darin gemachten Empfehlungen oder Vorschläge nur der Unterhaltung dienen. Bei Bedarf sollten Fachleute konsultiert werden, bevor eine der hier empfohlenen Maßnahmen ergriffen wird.

Diese Erklärung wird sowohl von der American Bar Association als auch vom Committee of Publishers Association als fair und gültig erachtet und ist in den gesamten Vereinigten Staaten rechtsverbindlich.

Darüber hinaus wird die Übermittlung, Vervielfältigung oder Reproduktion eines der folgenden Werke einschließlich spezifischer Informationen als rechtswidrige Handlung angesehen, unabhängig davon, ob sie elektronisch oder in gedruckter Form erfolgt. Dies erstreckt sich auch auf die Erstellung einer Zweit- oder Drittkopie des Werkes oder einer Tonkopie und ist nur mit ausdrücklicher schriftlicher Zustimmung des Verlages zulässig. Alle weiteren Rechte vorbehalten.

Bei den Informationen auf den folgenden Seiten handelt es sich im Großen und Ganzen um eine wahrheitsgetreue und genaue Darstellung der Tatsachen, und jede Unaufmerksamkeit, Verwendung oder ein Missbrauch der betreffenden Informationen durch den Leser hat zur Folge, dass alle daraus resultierenden Handlungen ausschließlich in dessen Zuständigkeitsbereich fallen. Es gibt keine Szenarien, in denen der Herausgeber oder der ursprüngliche Autor dieses Werks in irgendeiner Weise für Härten oder Schäden haftbar gemacht werden kann, die ihnen nach der Nutzung der hier beschriebenen Informationen entstehen könnten.

Darüber hinaus dienen die Informationen auf den folgenden Seiten nur zu Informationszwecken und sind daher als universell zu betrachten. Es wird seiner Natur entsprechend ohne Gewähr hinsichtlich seiner längeren Gültigkeit oder vorläufigen Qualität vorgelegt. Die Erwähnung von Markenzeichen erfolgt ohne schriftliche Zustimmung und kann in keiner Weise als Empfehlung des Markeninhabers angesehen werden.

# Zusammenfassung

**EINFÜHRUNG**..................................................................7

1. BOHNENQUARK MIT AUSTERNSAUCE...............................................9
2. FRITTIERTER TOFU............................................................11
3. FERMENTIERTER TOFU MIT SPINAT..............................................13
4. GESCHMORTER TOFU...........................................................15
5. CHINESISCHE NUDELN IN ERDNUSS-SESAM-SAUCE..................................18
6. MANDARINENNUDELN...........................................................21
7. TOFU MIT BOHNENSAUCE UND NUDELN............................................24
8. MIT GARNELEN GEFÜLLTER TOFU................................................27
9. BOHNENQUARK MIT SZECHUAN-GEMÜSE............................................30
10. GESCHMORTER TOFU MIT DREI GEMÜSESORTEN....................................32
11. MIT SCHWEINEFLEISCH GEFÜLLTE TOFU-DREIECKE................................35
12. CRANBERRY-PFANNKUCHEN MIT SIRUP...........................................38
13. SOJAGLASIERTER TOFU.......................................................41
15. KNUSPRIGER TOFU MIT PRICKELNDER KAPERNSAUCE...............................45
16. LANDGEBRATENER TOFU MIT GOLDENER SOSSE....................................47
17. ORANGENGLASIERTER TOFU UND SPARGEL........................................50
18. TOFU-PIZZAIOLA............................................................52
19. „KA-POW"-TOFU.............................................................55
20. TOFU NACH SIZILIANISCHER ART..............................................58
21. THAI-PHOON-PFANNE.........................................................61
22. MIT CHIPOTLE BEMALTER GEBACKENER TOFU.....................................64
23. GEGRILLTER TOFU MIT TAMARINDENGLASUR......................................66
24. MIT BRUNNENKRESSE GEFÜLLTER TOFU..........................................69

25. Tofu mit Pistazien-Granatapfel............72
26. Gewürzinsel-Tofu............74
27. Ingwer-Tofu mit Zitrus-Hoisin-Sauce............77
28. Tofu mit Zitronengras und Zuckerschoten............80
29. Doppel-Sesam-Tofu mit Tahini-Sauce............82
30. Tofu-Edamame-Eintopf............84
31. Sojabraune Traumkoteletts............87
32. Mein irgendwie Hackbraten............89
33. Sehr Vanille-French-Toast............92
34. Sesam-Soja-Frühstücksaufstrich............94
35. Heizkörper mit Aurora-Sauce............96
36. Klassische Tofu-Lasagne............99
37. Rote Mangold-Spinat-Lasagne............102
38. Geröstete Gemüse Lasagne............105
40. Lasagne Primavera............111
41. Lasagne mit schwarzen Bohnen und Kürbis............114
42. Mit Mangold gefüllte Manicotti............117
44. Lasagne-Windräder............123
45. Kürbisravioli mit Erbsen............126
46. Artischocken-Walnuss-Ravioli............129
47. Tortellini mit Orangensauce............132
48. Gemüse-Lo Mein mit Tofu............135
49. Pad Thai............138
50. Betrunkene Spaghetti mit Tofu............141

## TEMP............144

51. Spaghetti nach Carbonara-Art............145
51. Tempeh-Gemüse-Pfanne............148
52. Teriyaki Tempeh............151
53. Gegrilltes Tempeh............153
54. Orange-Bourbon-Tempeh............156

| | |
|---|---|
| 55. Tempeh und Süsskartoffeln | 159 |
| 56. Kreolisches Tempeh | 162 |
| 57. Tempeh mit Zitrone und Kapern | 165 |
| 58. Tempeh mit Ahorn- und Balsamico-Glasur | 168 |
| 59. Verlockendes Tempeh-Chili | 171 |
| 60. Tempeh Cacciatore | 174 |
| 61. Indonesischer Tempeh in Kokossosse | 177 |
| 62. Ingwer-Erdnuss-Tempeh | 180 |
| 63. Tempeh mit Kartoffeln und Kohl | 182 |
| 64. Südlicher Succotash-Eintopf | 185 |
| 65. Gebackener Jambalaya-Auflauf | 188 |
| 66. Tempeh und Süsskartoffelkuchen | 191 |
| 67. Mit Auberginen und Tempeh gefüllte Nudeln | 194 |
| 68. Singapur-Nudeln mit Tempeh | 197 |
| 69. Tempeh-Speck | 200 |
| 70. Spaghetti und T-Balls | 202 |
| 71. Paglia e Fieno mit Erbsen | 205 |

## SEIT AUF ............................................. 207

| | |
|---|---|
| 72. Einfacher, gekochter Seitan | 208 |
| 73. Gefüllter gebackener Seitan Roa st | 211 |
| 74. Seitan-Schmorbraten | 214 |
| 75. Fast ein einziges Thanksgiving-Dinner | 217 |
| 76. Seitan Milanese mit Panko und Zitrone | 220 |
| 77. Seitan mit Sesamkruste | 222 |
| 78. Seitan mit Artischocken und Oliven | 224 |
| 79. Seitan mit Ancho-Chipotle-Sauce | 226 |
| 80. Seitan Piccata | 229 |
| 81. Seitan mit drei Samen | 232 |
| 82. Fajitas ohne Grenzen | 234 |
| 83. Seitan mit grünem Apfelrelish | 236 |

84. Seitan und Brokkoli-Shiitake-Pfanne ...... 238
85. Seitan-Spiesschen mit Pfirsichen ...... 241
86. Gegrillte Seitan- und Gemüsespiesse ...... 244
87. Seitan En Croute ...... 247
88. Seitan-Kartoffel-Torta ...... 250
89. Rustikaler Cottage Pie ...... 253
90. Seitan mit Spinat und Tomaten ...... 256
91. Seitan und überbackene Kartoffeln ...... 258
92. Koreanische Nudelpfanne ...... 261
93. Jerk-gewürztes rotes Bohnen-Chili ...... 264
94. Herbst-Medley-Eintopf ...... 267
95. Italienischer Reis mit Seitan ...... 270
96. Zwei-Kartoffel-Hash ...... 273
97. Sauerrahm-Seitan-Enchiladas ...... 275
98. Veganer gefüllter Seitanbraten ...... 279
100. Kubanisches Seitan-Sandwich ...... 282

**ABSCHLUSS ...... 285**

## EINFÜHRUNG

Willkommen bei „Pflanzenprotein-Gaumen: Tempeh- und Seitan-Kochbuch". Diese kulinarische Reise zelebriert die Wunder pflanzlichen Proteins und konzentriert sich dabei auf zwei köstliche und vielseitige Zutaten: Tempeh und Seitan. Egal, ob Sie ein erfahrener Veganer sind oder einfach mehr pflanzliche Optionen in Ihre Ernährung integrieren möchten, dieses Kochbuch bietet eine vielfältige Auswahl an Rezepten, die Ihren Gaumen befriedigen und Ihren Körper nähren. Tempeh und Seitan sind ausgezeichnete Proteinquellen, liefern wichtige Nährstoffe und bieten gleichzeitig einzigartige Texturen und Aromen, die jedes Gericht verfeinern. Tempeh, hergestellt aus fermentierten Sojabohnen, zeichnet sich durch einen nussigen Geschmack und eine feste Textur aus, während Seitan, gewonnen aus Weizengluten, eine herzhafte und fleischähnliche Konsistenz bietet. Beide Zutaten sind unglaublich vielseitig und ermöglichen es Ihnen, verschiedene kulinarische Möglichkeiten zu erkunden und köstliche Gerichte zum Frühstück, Mittag- und Abendessen und für alles dazwischen zu kreieren.

In „Pflanzenprotein-Gaumen" tauchen wir in die Welt von Tempeh und Seitan ein und erschließen ihr Potenzial, in einer Vielzahl von Rezepten zu glänzen. Von wohltuenden Eintöpfen und Pfannengerichten bis hin zu aromatischen Marinaden und herzhaften Grillgerichten – diese pflanzlichen Köstlichkeiten werden mit Sicherheit zu einem festen Bestandteil Ihrer Küche.

Begeben wir uns also auf dieses geschmackvolle Abenteuer und feiern wir die Kraft pflanzlicher Proteine und die Freuden des bewussten und mitfühlenden Kochens!

# 1. Bohnenquark mit Austernsauce

- 8 Unzen Tofu
- 4 Unzen frische Pilze 6 Frühlingszwiebeln
- 3 Stangen Sellerie
- roter oder grüner Pfeffer
- Esslöffel Pflanzenöl 1/2 Tasse Wasser
- Esslöffel Maisstärke
- Esslöffel Austernsauce 4 Teelöffel trockener Sherry
- 4 Teelöffel Sojasauce

Bohnengallerte in 1/2 Zoll große Würfel schneiden. Champignons putzen und in Scheiben schneiden. Zwiebeln in 2,5 cm große Stücke schneiden. Den Sellerie in 1,27 cm dicke Scheiben schneiden. Entfernen Sie die Kerne von der Paprika und schneiden Sie die Paprika in 1/2 Zoll große Stücke.
1 Esslöffel Öl im Wok bei starker Hitze erhitzen. Bohnenquark im Öl unter leichtem Rühren 3 Minuten kochen, bis es hellbraun ist. Aus der Pfanne nehmen. Den restlichen 1 Esslöffel Öl im Wok bei starker Hitze erhitzen. Pilze, Zwiebeln, Sellerie und Pfeffer hinzufügen und 1 Minute lang unter Rühren anbraten.
Den Bohnengallerte zurück in den Wok geben. Zum Mischen leicht umrühren. Wasser, Maisstärke, Austernsauce, Sherry und Sojasauce verrühren. Über die Mischung im Wok gießen. Ente kochen
rühren, bis die Flüssigkeit kocht. 1 Minute länger kochen und umrühren.

## 2. Frittierter Tofu

- 1 Block fester Tofu
- ¼ Tasse Maisstärke
- 4–5 Tassen Öl zum Frittieren

Den Tofu abtropfen lassen und in Würfel schneiden. Mit der Maisstärke bestreichen.

Öl in einen vorgeheizten Wok geben und auf 350 °F erhitzen. Wenn das Öl heiß ist, die Tofuquadrate dazugeben und frittieren, bis sie goldbraun werden. Auf Papiertüchern abtropfen lassen.

**Ergibt 2¾ Tassen**

Dieser leckere und nahrhafte Shake eignet sich ideal als Frühstück oder Nachmittagssnack. Für zusätzlichen Geschmack fügen Sie saisonale Beeren hinzu.

## 3. Fermentierter Tofu mit Spinat

- 5 Tassen Spinatblätter
- 4 Würfel fermentierter Tofu mit Chilis
- Eine Prise Fünf-Gewürze-Pulver (weniger als ⅛ein Teelöffel)
- 2 Esslöffel Öl zum Braten
- 2 Knoblauchzehen, gehackt

Blanchieren Sie den Spinat, indem Sie die Blätter kurz in kochendes Wasser tauchen. Gründlich abtropfen lassen.

Die fermentierten Tofuwürfel zerdrücken und das Fünf-Gewürze-Pulver untermischen.

Öl in einen vorgeheizten Wok oder eine Pfanne geben. Wenn das Öl heiß ist, den Knoblauch hinzufügen und kurz anbraten, bis er aromatisch ist. Den Spinat hinzufügen und 1–2 Minuten unter Rühren braten. Den zerdrückten Tofu in die Mitte des Woks geben und mit dem Spinat vermischen. Durchkochen und heiß servieren.

## 4. Geschmorter Tofu

- 1 Pfund Rindfleisch
- 4 getrocknete Pilze
- 8 Unzen gepresster Tofu
- 1 Tasse helle Sojasauce
- ¼ Tasse dunkle Sojasauce
- ¼ Tasse chinesischer Reiswein oder trockener Sherry
- 2 Esslöffel Öl zum Braten
- 2 Scheiben Ingwer
- 2 Knoblauchzehen, gehackt
- 2 Tassen Wasser
- 1 Sternanis

Das Rindfleisch in dünne Scheiben schneiden. Die getrockneten Pilze mindestens 20 Minuten in heißem Wasser einweichen, damit sie weich werden. Vorsichtig ausdrücken, um überschüssiges Wasser zu entfernen, und in Scheiben schneiden.

Schneiden Sie den Tofu in ½ Zoll große Würfel. Helle Sojasauce, dunkle Sojasauce, Konjac-Reiswein, Weiß und Braun vermischen und beiseite stellen.

Öl in einen vorgeheizten Wok oder eine Pfanne geben. Wenn das Öl heiß ist, fügen Sie die Ingwerscheiben und den Knoblauch hinzu und braten Sie alles kurz an, bis es aromatisch ist. Das Rindfleisch dazugeben und anbraten, bis es braun ist. Bevor das Rindfleisch fertig gegart ist, die Tofuwürfel dazugeben und kurz anbraten. Die Soße und 2 Tassen Wasser hinzufügen. Den Sternanis dazugeben. Zum Kochen bringen, dann die Hitze reduzieren und köcheln lassen. Nach 1 Stunde die getrockneten Pilze hinzufügen. Weitere 30 Minuten köcheln lassen oder bis die Flüssigkeit reduziert ist. Bei Bedarf den Sternanis vor dem Servieren entfernen.

## 5. Chinesische Nudeln in Erdnuss-Sesam-Sauce

- 1 Pfund. Nudeln nach chinesischer Art
- 2 EL. dunkles Sesamöl

**DRESSING:**
- 6 EL. Erdnussbutter 1/4 Tasse Wasser
- 3 EL. leichte Sojasauce 6 EL. dunkle Sojasoße
- 6 EL. Tahini (Sesampaste)
- 1/2 Tasse dunkles Sesamöl 2 EL. Sherry
- 4 TL. Reisweinessig 1/4 Tasse Honig
- 4 mittelgroße Knoblauchzehen, gehackt
- 2 TL. gehackter frischer Ingwer
- 2-3 EL. Peperoniöl (oder eine Menge nach Ihrem Geschmack) 1/2 Tasse heißes Wasser

Heiße rote Paprikaflocken und Öl in einem Topf bei mittlerer Hitze vermischen. Zum Kochen bringen und sofort die Hitze ausschalten. Etwas cool. In einen kleinen verschließbaren Glasbehälter abseihen. Kalt stellen.

**GARNIERUNG:**
- 1 Karotte, geschält
- 1/2 feste mittelgroße Gurke, geschält, entkernt und in Streifen geschnitten 1/2 Tasse geröstete Erdnüsse, grob gehackt
- 2 Frühlingszwiebeln, in dünne Scheiben geschnitten

Nudeln in einem großen Topf mit kochendem Wasser bei mittlerer Hitze kochen. Kochen, bis es kaum zart und noch fest ist. Sofort abgießen und mit kaltem Wasser abspülen, bis es kalt ist. Gut abtropfen lassen und die Nudeln mit (2 EL) dunklem Sesamöl vermischen, damit sie nicht zusammenkleben.

ZUM DRESSING: Alle Zutaten außer heißem Wasser in einen Mixer geben und glatt rühren. Mit heißem Wasser auf die Konsistenz von Schlagsahne verdünnen.

Zum Garnieren das Karottenfleisch in etwa 10 cm langen, kurzen Streifen schälen. 30 Minuten lang in Eiswasser legen, damit es sich kräuselt. Kurz vor dem Servieren die Nudeln mit der Soße vermengen. Mit Gurken, Erdnüssen, Frühlingszwiebeln und Karottenlocken garnieren. Kalt oder bei Zimmertemperatur servieren.

## 6. Mandarinennudeln

- getrocknete chinesische Pilze
- 1/2 Pfund frische chinesische Nudeln 1/4 Tasse Erdnussöl
- Esslöffel Hoisinsauce 1 Esslöffel Bohnensauce
- Esslöffel Reiswein oder trockener Sherry 3 Esslöffel leichte Sojasauce
- oder Schatz
- 1/2 Tasse reservierte Pilz-Einweichflüssigkeit 1 Teelöffel Chilipaste
- 1 Esslöffel Maisstärke
- 1/2 rote Paprika – in 1/2 Zoll großen Würfeln
- 1/2 8-Unzen-Dose, ganze Bambussprossen, in 1/2 Würfel geschnitten, abgespült und abgetropft, 2 Tassen Sojasprossen
- Frühlingszwiebeln – in dünne Scheiben geschnitten

Die chinesischen Pilze 30 Minuten in 1 1/4 Tassen heißem Wasser einweichen. Während sie einweichen, 4 Liter Wasser zum Kochen bringen und die Nudeln 3 Minuten kochen. Abgießen und mit 1 Esslöffel Erdnussöl vermischen. beiseite legen.

Die Pilze herausnehmen; Abseihen und eine halbe Tasse der Einweichflüssigkeit für die Sauce aufbewahren. Die Pilzstiele entfernen und wegwerfen; Die Kappen grob hacken und beiseite stellen.

Die Zutaten für die Soße in einer kleinen Schüssel vermengen. beiseite legen. Lösen Sie die Maisstärke in 2 Esslöffeln kaltem Wasser auf; beiseite legen.

Stellen Sie den Wok auf mittlere bis hohe Hitze. Wenn es zu rauchen beginnt, fügen Sie die restlichen 3

Esslöffel Erdnussöl hinzu, dann die Pilze, die rote Paprika, die Bambussprossen und die Sojasprossen. 2 Minuten unter Rühren braten.

Rühren Sie die Soße um, geben Sie sie in den Wok und braten Sie weiter, bis die Mischung etwa 30 Sekunden lang zu kochen beginnt.

Die aufgelöste Maisstärke vermischen und in den Wok geben. Weiter rühren, bis die Soße eindickt, etwa 1 Minute. Fügen Sie die Nudeln hinzu und schwenken Sie sie etwa 2 Minuten lang, bis sie durchgewärmt sind.

Auf einen Servierteller geben und mit der geschnittenen Frühlingszwiebel bestreuen. Sofort servieren

## 7. Tofu mit Bohnensauce und Nudeln

- 8 Unzen frische Nudeln nach Peking-Art
- 1 12-Unzen-Block fester Tofu
- 3 große Stangen Pak Choi UND 2 Frühlingszwiebeln
- ⅓ Tasse dunkle Sojasauce
- 2 Esslöffel schwarze Bohnensauce
- 2 Teelöffel chinesischer Reiswein oder trockener Sherry
- 2 Teelöffel schwarzer Reisessig
- ¼ Teelöffel Salz
- ¼ Teelöffel Chilipaste mit Knoblauch
- 1 Teelöffel Hot-Chili-Öl (Seite 23)
- ¼ Teelöffel Sesamöl
- ½ Tasse Wasser
- 2 Esslöffel Öl zum Braten
- 2 Scheiben Ingwer, gehackt
- 2 Knoblauchzehen, gehackt
- ¼ einer roten Zwiebel, gehackt

Die Nudeln in kochendem Wasser kochen, bis sie weich sind. Gründlich abtropfen lassen. Den Tofu abtropfen lassen und in Würfel schneiden. Kochen Sie den Pak Choi vor, indem Sie ihn kurz in kochendes Wasser tauchen und gründlich abtropfen lassen. Stiele und Blätter trennen. Die Frühlingszwiebeln diagonal in 2,5 cm dicke Scheiben schneiden. Dunkle Sojasauce, schwarze Bohnensauce, Konjac-Reiswein, schwarzen Reisessig, Salz, Chilipaste mit Knoblauch, scharfes Chiliöl, Sesamöl und Wasser vermischen. Beiseite legen.

Öl in einen vorgeheizten Wok oder eine Pfanne geben. Wenn das Öl heiß ist, fügen Sie Ingwer, Knoblauch und Frühlingszwiebeln hinzu. Kurz unter Rühren anbraten, bis es aromatisch ist. Die rote Zwiebel dazugeben und kurz anbraten. An den Rand schieben und die Pak-Choi-Stängel hinzufügen. Die Blätter dazugeben und unter Rühren anbraten, bis der Pak Choi hellgrün und die Zwiebel zart ist. Nach Belieben mit ¼ Teelöffel Salz würzen

Die Soße in die Mitte des Woks geben und zum Kochen bringen. Den Tofu hinzufügen. Einige Minuten köcheln lassen, damit der Tofu die Soße aufnehmen kann. Die Nudeln hinzufügen. Alles gut durchmischen und heiß servieren.

## 8. Mit Garnelen gefüllter Tofu

- ½ Pfund fester Tofu
- 2 Unzen gekochte Garnelen, geschält und entdarmt
- ⅛ein Teelöffel salz
- Pfeffern Sie zwei Schlüssel
- ¼ Teelöffel Maisstärke
- ½ Tasse Hühnerbrühe
- ½ Teelöffel chinesischer Reiswein oder trockener Sherry
- ¼ Tasse Wasser
- 2 Esslöffel Austernsauce
- 2 Esslöffel Öl zum Braten
- 1 Frühlingszwiebel, in 2,5 cm große Stücke geschnitten

Den Tofu abtropfen lassen. Die Garnelen waschen und mit Papiertüchern trocken tupfen. Marinieren Sie die Garnelen 15 Minuten lang in Salz, Pfeffer und Maisstärke.

Halten Sie das Hackmesser parallel zum Schneidebrett und schneiden Sie den Tofu der Länge nach in zwei Hälften. Schneiden Sie jede Hälfte in zwei Dreiecke und dann jedes Dreieck in zwei weitere Dreiecke. Sie sollten jetzt 8 Dreiecke haben.

Auf einer Seite des Tofus der Länge nach einen Schlitz einschneiden. Füllen Sie ¼–½ Teelöffel der Garnelen in den Schlitz.

Öl in einen vorgeheizten Wok oder eine Pfanne geben. Wenn das Öl heiß ist, fügen Sie den Tofu hinzu. Den Tofu etwa 3–4 Minuten anbraten, dabei mindestens einmal wenden und darauf achten, dass er nicht am Boden des Woks kleben bleibt. Wenn Sie noch

Garnelen übrig haben, fügen Sie diese in der letzten Minute des Garvorgangs hinzu.

Hühnerbrühe, Konjac-Reiswein, Wasser und Austernsauce in die Mitte des Woks geben. Zum Kochen bringen. Die Hitze reduzieren, abdecken und 5–6 Minuten köcheln lassen. Die Frühlingszwiebel unterrühren. Heiß servieren.

## 9. Bohnenquark mit Szechuan-Gemüse

- 7 Unzen (2 Blöcke) gepresster Bohnengallerte
- ¼ Tasse konserviertes Szechuan-Gemüse
- ½ Tasse Hühnerbrühe oder Brühe
- 1 Teelöffel chinesischer Reiswein oder trockener Sherry
- ½ Teelöffel Sojasauce
- 4–5 Tassen Öl zum Braten

Erhitzen Sie mindestens 4 Tassen Öl in einem vorgeheizten Wok auf 350 °F. Während Sie darauf warten, dass das Öl erhitzt wird, schneiden Sie den gepressten Tofu in 2,5 cm große Würfel. Das Szechuan-Gemüse in Würfel schneiden. Hühnerbrühe und Reiswein vermischen und beiseite stellen.

Wenn das Öl heiß ist, die Tofuwürfel dazugeben und frittieren, bis sie hellbraun werden. Mit einem Schaumlöffel aus dem Wok nehmen und beiseite stellen.

Entfernen Sie bis auf 2 Esslöffel alles Öl aus dem Wok. Fügen Sie das eingelegte Szechuan-Gemüse hinzu. 1–2 Minuten unter Rühren braten, dann an den Rand des Woks schieben. Die Hühnerbrühe-Mischung in die Mitte des Woks geben und zum Kochen bringen. Sojasauce untermischen. Den gepressten Tofu hinzufügen. Alles vermischen, einige Minuten köcheln lassen und heiß servieren.

# 10. Geschmorter Tofu mit drei Gemüsesorten

- 4 getrocknete Pilze
- ¼ Tasse reservierte Pilz-Einweichflüssigkeit
- ⅔ Tasse frische Pilze
- ½ Tasse Hühnerbrühe
- 1½ Esslöffel Austernsauce
- 1 Teelöffel chinesischer Reiswein oder trockener Sherry
- 2 Esslöffel Öl zum Braten
- 1 Knoblauchzehe, gehackt
- 1 Tasse Babykarotten, halbiert
- 2 Teelöffel Maisstärke mit 4 Teelöffel Wasser vermischt
- ¾ Pfund gepresster Tofu, in ½ Zoll große Würfel geschnitten

Die getrockneten Pilze mindestens 20 Minuten in heißem Wasser einweichen. Reservieren Sie ¼ Tasse der Einweichflüssigkeit. Die getrockneten und frischen Pilze in Scheiben schneiden.

Kombinieren Sie die reservierte Pilzflüssigkeit, Hühnerbrühe, Austernsauce und Konjac-Reiswein. Beiseite legen.

Öl in einen vorgeheizten Wok oder eine Pfanne geben. Wenn das Öl heiß ist, den Knoblauch hinzufügen und kurz anbraten, bis er aromatisch ist. Fügen Sie die Karotten hinzu. 1 Minute unter Rühren braten, dann die Pilze dazugeben und unter Rühren anbraten.

Die Soße hinzufügen und zum Kochen bringen. Rühren Sie die Maisstärke-Wasser-Mischung um und geben Sie sie unter schnellem Rühren zur Soße, damit sie eindickt.

Die Tofuwürfel hinzufügen. Alles vermischen, die Hitze reduzieren und 5–6 Minuten köcheln lassen. Heiß servieren.

# 11. Mit Schweinefleisch gefüllte Tofu-Dreiecke

- ½ Pfund fester Tofu
- ¼ Pfund Schweinehackfleisch
- ⅛ ein Teelöffel salz
- Pfeffern Sie zwei Schlüssel
- ½ Teelöffel chinesischer Reiswein oder trockener Sherry
- ½ Tasse Hühnerbrühe
- ¼ Tasse Wasser
- 2 Esslöffel Austernsauce
- 2 Esslöffel Öl zum Braten
- 1 Frühlingszwiebel, in 2,5 cm große Stücke geschnitten

Den Tofu abtropfen lassen. Geben Sie das Hackfleisch in eine mittelgroße Schüssel. Salz, Pfeffer und Konjac-Reiswein hinzufügen. Das Schweinefleisch 15 Minuten marinieren.

Halten Sie das Hackmesser parallel zum Schneidebrett und schneiden Sie den Tofu der Länge nach in zwei Hälften. Schneiden Sie jede Hälfte in zwei Dreiecke und dann jedes Dreieck in zwei weitere Dreiecke. Sie sollten jetzt 8 Dreiecke haben.

Schneiden Sie der Länge nach einen Schlitz entlang einer der Kanten jedes Tofu-Dreiecks. Füllen Sie einen gehäuften ¼ Teelöffel Schweinehackfleisch in den Schlitz.

Öl in einen vorgeheizten Wok oder eine Pfanne geben. Wenn das Öl heiß ist, fügen Sie den Tofu hinzu. Wenn Sie noch Schweinehackfleisch übrig haben, fügen Sie es ebenfalls hinzu. Den Tofu etwa 3–4 Minuten anbraten, dabei mindestens einmal wenden und darauf achten, dass er nicht am Boden des Woks kleben bleibt.

Hühnerbrühe, Wasser und Austernsauce in die Mitte des Woks geben. Zum Kochen bringen. Die Hitze reduzieren, abdecken und 5–6 Minuten köcheln lassen. Die Frühlingszwiebel unterrühren. Heiß servieren.

## 12. Cranberry-Pfannkuchen mit Sirup

**Ergibt 4 bis 6 Portionen**

1 Tasse kochendes Wasser
$1/2$ Tasse gesüßte getrocknete Preiselbeeren
$1/2$ Tasse Ahornsirup
$1/4$ Tasse frischer Orangensaft
$1/4$ Tasse gehackte Orange
1 Esslöffel vegane Margarine
1 $1/2$ Tassen Allzweckmehl
1 Esslöffel Zucker
1 Esslöffel Backpulver
$1/2$ Teelöffel Salz
1 $1/2$ Tassen Sojamilch
$1/4$ Tasse weicher Seidentofu, abgetropft
1 Esslöffel Raps- oder Traubenkernöl, plus etwas mehr zum Braten

Gießen Sie das kochende Wasser in einer hitzebeständigen Schüssel über die Preiselbeeren und lassen Sie sie etwa 10 Minuten lang weich werden. Gut abtropfen lassen und beiseite stellen.

In einem kleinen Topf Ahornsirup, Orangensaft, Orange und Margarine vermischen und bei schwacher Hitze unter Rühren erhitzen, bis die Margarine schmilzt. Warm halten. Den Ofen auf 225°F vorheizen.

In einer großen Schüssel Mehl, Zucker, Backpulver und Salz vermischen und beiseite stellen.

Sojamilch, Tofu und Öl in einer Küchenmaschine oder einem Mixer vermischen, bis alles gut vermischt ist.

Gießen Sie die feuchten Zutaten zu den getrockneten Zutaten und vermischen Sie sie mit ein paar schnellen Bewegungen. Die eingeweichten Preiselbeeren unterheben.

Erhitzen Sie auf einer Grillplatte oder einer großen Pfanne eine dünne Schicht Öl bei mittlerer bis hoher Hitze. Schöpfkelle $^1/_4$ Tasse auf $^1/_3$ Tasse

Teig auf die heiße Grillplatte geben. 2 bis 3 Minuten kochen, bis sich oben kleine Bläschen bilden. Den Pfannkuchen umdrehen und ca. 2 Minuten länger backen, bis die zweite Seite gebräunt ist. Die fertigen Pfannkuchen auf einen hitzebeständigen Teller geben und im Ofen warm halten, während der Rest gebacken wird. Mit Orangen-Ahornsirup servieren.

## 13. Sojaglasierter Tofu

**Ergibt 4 Portionen**

- 1 Pfund extrafester Tofu, abgetropft, in $1/2$ Zoll große Scheiben geschnitten und gepresst
- $1/4$ Tasse geröstetes Sesamöl
- $1/4$ Tasse Reisessig
- 2 Teelöffel Zucker

Tupfen Sie den Tofu trocken, legen Sie ihn in eine 9 x 13 Zoll große Auflaufform und stellen Sie ihn beiseite.

In einem kleinen Topf Sojasauce, Öl, Essig und Zucker vermischen und zum Kochen bringen. Die heiße Marinade über den Tofu gießen und 30 Minuten lang marinieren lassen, dabei einmal wenden.

Heizen Sie den Ofen auf 350 °F vor. Den Tofu 30 Minuten backen, dabei nach etwa der Hälfte der Zeit einmal wenden. Sofort servieren oder auf Zimmertemperatur abkühlen lassen, dann abdecken und im Kühlschrank aufbewahren, bis es benötigt wird.

## 14. Tofu nach Cajun-Art

**Ergibt 4 Portionen**

- 1 Pfund extrafester Tofu, abgetropft und trocken getupft
- Salz
- 1 Esslöffel plus 1 Teelöffel Cajun-Gewürz
- 2 Esslöffel Olivenöl
- $1/4$ Tasse gehackte grüne Paprika
- 1 Esslöffel gehackter Sellerie
- 2 Esslöffel gehackte Frühlingszwiebeln
- 2 Knoblauchzehen, gehackt
- 1 (14,5 Unzen) Dose gewürfelte Tomaten, abgetropft
- 1 Esslöffel Sojasauce
- 1 Esslöffel gehackte frische Petersilie

Schneiden Sie den Tofu in $1/2$ Zoll dicke Scheiben und bestreuen Sie beide Seiten mit Salz und 1 Esslöffel Cajun-Gewürz. Beiseite legen.

In einem kleinen Topf 1 Esslöffel Öl bei mittlerer Hitze erhitzen. Paprika und Sellerie hinzufügen. Abdecken und 5 Minuten kochen lassen. Die Frühlingszwiebeln und den Knoblauch dazugeben und ohne Deckel noch 1 Minute kochen lassen. Tomaten, Sojasauce, Petersilie, den restlichen 1 Teelöffel Cajun-Gewürzmischung und Salz nach Geschmack hinzufügen. 10 Minuten köcheln lassen, um die Aromen zu vermischen, und beiseite stellen.

In einer großen Pfanne den restlichen 1 Esslöffel Öl bei mittlerer bis hoher Hitze erhitzen. Den Tofu dazugeben und ca. 10 Minuten braten, bis er auf beiden Seiten gebräunt ist. Die Soße dazugeben und 5 Minuten köcheln lassen. Sofort servieren.

## 15. Knuspriger Tofu mit prickelnder Kapernsauce

**Ergibt 4 Portionen**

- 1 Pfund extrafester Tofu, abgetropft, in ¹/₄ Zoll große Scheiben geschnitten und gepresst
- Salz und frisch gemahlener schwarzer Pfeffer
- 2 Esslöffel Olivenöl, bei Bedarf auch mehr
- 1 mittelgroße Schalotte, gehackt
- 2 Esslöffel Kapern
- 3 Esslöffel gehackte frische Petersilie
- 2 Esslöffel vegane Margarine
- Saft von 1 Zitrone

Den Ofen auf 275°F vorheizen. Den Tofu trocken tupfen und mit Salz und Pfeffer abschmecken. Geben Sie die Maisstärke in eine flache Schüssel. Den Tofu in der Maisstärke eintauchen und alle Seiten damit bestreichen.

In einer großen Pfanne 2 Esslöffel Öl bei mittlerer Hitze erhitzen. Fügen Sie den Tofu hinzu, bei Bedarf portionsweise, und kochen Sie ihn auf beiden Seiten etwa 4 Minuten lang goldbraun. Den frittierten Tofu auf einen hitzebeständigen Teller geben und im Ofen warm halten.

In derselben Pfanne den restlichen 1 Esslöffel Öl bei mittlerer Hitze erhitzen. Fügen Sie die Schalotte hinzu und kochen Sie sie etwa 3 Minuten lang, bis sie weich ist. Kapern und Petersilie dazugeben und 30 Sekunden kochen lassen, dann Margarine, Zitronensaft sowie Salz und Pfeffer nach Geschmack hinzufügen und unter Rühren schmelzen und die Margarine einarbeiten. Den Tofu mit Kapernsauce belegen und sofort servieren.

## 16. Landgebratener Tofu mit goldener Soße

**Ergibt 4 Portionen**

- 1 Pfund extrafester Tofu, abgetropft, in $1/2$ Zoll große Scheiben geschnitten und gepresst
- Salz und frisch gemahlener schwarzer Pfeffer
- $1/3$ Tasse Maisstärke
- 2 Esslöffel Olivenöl
- 1 mittelsüße gelbe Zwiebel, gehackt
- 2 Esslöffel Allzweckmehl
- 1 Teelöffel getrockneter Thymian
- $1/8$ Teelöffel Kurkuma
- 1 Tasse Gemüsebrühe, selbstgemacht (siehe Leichte Gemüsebrühe ) oder im Laden gekauft
- 1 Esslöffel Sojasauce
- 1 Tasse gekochte oder eingemachte Kichererbsen, abgetropft und abgespült
- 2 Esslöffel gehackte frische Petersilie zum Garnieren

Den Tofu trocken tupfen und mit Salz und Pfeffer abschmecken. Geben Sie die Maisstärke in eine flache Schüssel. Den Tofu in der Maisstärke eintauchen und alle Seiten damit bestreichen. Den Ofen auf 250°F vorheizen.

In einer großen Pfanne 2 Esslöffel Öl bei mittlerer Hitze erhitzen. Fügen Sie den Tofu hinzu, bei Bedarf portionsweise, und kochen Sie ihn etwa 10 Minuten lang auf beiden Seiten goldbraun. Den frittierten Tofu auf einen hitzebeständigen Teller geben und im Ofen warm halten.

In derselben Pfanne den restlichen 1 Esslöffel Öl bei mittlerer Hitze erhitzen. Fügen Sie die Zwiebel hinzu, decken Sie sie ab und kochen Sie sie 5 Minuten lang, bis sie weich ist. Decken Sie den Deckel ab und reduzieren Sie die Hitze auf einen niedrigen Wert. Mehl, Thymian und Kurkuma einrühren und unter ständigem Rühren 1 Minute kochen lassen. Die Brühe, dann die Sojamilch und die Sojasauce langsam unterrühren. Die Kichererbsen dazugeben und mit Salz und Pfeffer abschmecken. Unter häufigem Rühren 2 Minuten lang weiterkochen. In einen Mixer geben und glatt und cremig verarbeiten. Zurück in den Topf geben und erhitzen, bis es heiß ist. Wenn die Soße zu dick ist, noch etwas Brühe hinzufügen. Die Sauce über den Tofu geben und mit Petersilie bestreuen. Sofort servieren.

## 17. Orangenglasierter Tofu und Spargel

**Ergibt 4 Portionen**

- 2 Esslöffel Mirin
- 1 Esslöffel Maisstärke
- 1 (16-Unzen) Packung extrafester Tofu, abgetropft und in $1/4$ Zoll große Streifen geschnitten
- 2 Esslöffel Sojasauce
- 1 Teelöffel geröstetes Sesamöl
- 1 Teelöffel Zucker
- $1/4$ Teelöffel asiatische Chilipaste
- 2 Esslöffel Raps- oder Traubenkernöl
- 1 Knoblauchzehe, gehackt
- $1/2$ Teelöffel gehackter frischer Ingwer
- 5 Unzen dünner Spargel, harte Enden abgeschnitten und in $1\ 1/2$ Zoll große Stücke geschnitten

In einer flachen Schüssel Mirin und Maisstärke vermischen und gut vermischen. Den Tofu dazugeben und vorsichtig umrühren, bis er bedeckt ist. 30 Minuten zum Marinieren beiseite stellen.

In einer kleinen Schüssel Orangensaft, Sojasauce, Sesamöl, Zucker und Chilipaste vermischen. Beiseite legen.

Erhitzen Sie das Rapsöl in einer großen Pfanne oder einem Wok bei mittlerer Hitze. Fügen Sie den Knoblauch und den Ingwer hinzu und braten Sie alles etwa 30 Sekunden lang an, bis es duftet. Den marinierten Tofu und den Spargel dazugeben und etwa 5 Minuten unter Rühren braten, bis der Tofu goldbraun und der Spargel gerade zart ist. Die Soße einrühren und weitere ca. 2 Minuten kochen lassen. Sofort servieren.

## 18. Tofu-Pizzaiola

**Ergibt 4 Portionen**

- 2 Esslöffel Olivenöl
- 1 (16-Unzen) Packung extrafester Tofu, abgetropft, in $1/2$ Zoll große Scheiben geschnitten und gepresst (siehe Leichte Gemüsebrühe )
- Salz
- 3 Knoblauchzehen, gehackt
- 1 (14,5 Unzen) Dose gewürfelte Tomaten, abgetropft
- $1/4$ Tasse in Öl eingelegte, sonnengetrocknete Tomaten, in $1/4$ Zoll große Streifen geschnitten
- 1 Esslöffel Kapern
- 1 Teelöffel getrockneter Oregano
- $1/2$ Teelöffel Zucker
- Frisch gemahlener schwarzer Pfeffer
- 2 Esslöffel gehackte frische Petersilie zum Garnieren

Den Ofen auf 275°F vorheizen. In einer großen Pfanne 1 Esslöffel Öl bei mittlerer Hitze erhitzen. Den Tofu hinzufügen und auf beiden Seiten goldbraun braten, dabei einmal wenden, etwa 5 Minuten pro Seite. Den Tofu nach Geschmack mit Salz bestreuen. Den frittierten Tofu auf einen hitzebeständigen Teller geben und im Ofen warm halten.

In derselben Pfanne den restlichen 1 Esslöffel Öl bei mittlerer Hitze erhitzen. Fügen Sie den Knoblauch hinzu und kochen Sie ihn etwa 1 Minute lang, bis er weich ist. Nicht bräunen. Tomatenwürfel, sonnengetrocknete Tomaten, Oliven und Kapern unterrühren. Oregano, Zucker sowie Salz und Pfeffer nach Geschmack hinzufügen. Etwa 10 Minuten köcheln lassen, bis die Soße heiß ist und die Aromen gut vermischt sind. Die frittierten Tofuscheiben mit der Soße belegen und mit der Petersilie bestreuen. Sofort servieren.

## 19. „Ka-Pow"-Tofu

**Ergibt 4 Portionen**

- 1 Pfund extrafester Tofu, abgetropft, trocken getupft und in 2,5 cm große Würfel geschnitten
- Salz
- 2 Esslöffel Maisstärke
- 2 Esslöffel Sojasauce
- 1 Esslöffel vegetarische Austernsauce
- 2 Teelöffel Nothin' Fishy Nam Pla oder 1 Teelöffel Reisessig
- 1 Teelöffel hellbrauner Zucker
- $1/2$ Teelöffel zerstoßener roter Pfeffer
- 2 Esslöffel Raps- oder Traubenkernöl
- 1 mittelsüße gelbe Zwiebel, halbiert und in $1/2$ Zoll große Scheiben geschnitten
- mittelrote Paprika, in $1/4$ Zoll große Scheiben geschnitten
- Frühlingszwiebeln, gehackt
- $1/2$ Tasse Thai-Basilikumblätter

In einer mittelgroßen Schüssel Tofu, Salz nach Geschmack und Maisstärke vermischen. Zum Überziehen umrühren und beiseite stellen.

In einer kleinen Schüssel Sojasauce, Austernsauce, Nam Pla, Zucker und zerstoßene rote Paprika vermischen. Gut umrühren und beiseite stellen.

In einer großen Pfanne 1 Esslöffel Öl bei mittlerer bis hoher Hitze erhitzen. Den Tofu hinzufügen und ca. 8 Minuten goldbraun braten. Aus der Pfanne nehmen und beiseite stellen.

In derselben Pfanne den restlichen 1 Esslöffel Öl bei mittlerer Hitze erhitzen. Fügen Sie die Zwiebel und die Paprika hinzu und braten Sie sie etwa 5 Minuten lang an, bis sie weich sind. Die Frühlingszwiebeln hinzufügen und 1 Minute länger kochen. Den gebratenen Tofu, die Soße und das Basilikum einrühren und unter Rühren ca. 3 Minuten heiß braten. Sofort servieren.

## 20. Tofu nach sizilianischer Art

**Ergibt 4 Portionen**

- 2 Esslöffel Olivenöl
- 1 Pfund extrafester Tofu, abgetropft, in $1/4$ Zoll große Scheiben geschnitten und mit Salz und frisch gemahlenem schwarzem Pfeffer gepresst
- 1 kleine gelbe Zwiebel, gehackt
- 2 Knoblauchzehen, gehackt
- 1 (28 Unzen) Dose gewürfelte Tomaten, abgetropft
- $1/4$ Tasse trockener Weißwein
- $1/4$ Teelöffel zerstoßener roter Pfeffer
- $1/3$ Tasse entkernte Kalamata-Oliven
- $1 \, 1/2$ Esslöffel Kapern
- 2 Esslöffel gehacktes frisches Basilikum oder 1 Teelöffel getrocknetes (optional)

Den Ofen auf 250°F vorheizen. In einer großen Pfanne 1 Esslöffel Öl bei mittlerer Hitze erhitzen. Fügen Sie den Tofu hinzu, bei Bedarf portionsweise, und kochen Sie ihn auf beiden Seiten jeweils 5 Minuten lang goldbraun. Mit Salz und schwarzem Pfeffer abschmecken. Geben Sie den gekochten Tofu auf einen hitzebeständigen Teller und halten Sie ihn im Ofen warm, während Sie die Sauce zubereiten.

In derselben Pfanne den restlichen 1 Esslöffel Öl bei mittlerer Hitze erhitzen. Zwiebel und Knoblauch hinzufügen, abdecken und 10 Minuten kochen, bis die Zwiebel weich ist. Tomaten, Wein und zerstoßene rote Paprika hinzufügen. Zum Kochen bringen, dann die Hitze reduzieren und ohne Deckel 15 Minuten köcheln lassen. Oliven und Kapern unterrühren. Weitere 2 Minuten kochen lassen.

Ordnen Sie den Tofu auf einer Platte oder einzelnen Tellern an. Die Soße darüber geben. Bei Bedarf mit frischem Basilikum bestreuen. Sofort servieren.

## 21. Thai-Phoon-Pfanne

**Ergibt 4 Portionen**

- 1 Pfund extrafester Tofu, abgetropft und getupft
- 2 Esslöffel Raps- oder Traubenkernöl
- Mittelgroße Schalotten, der Länge nach halbieren und in $1/8$ Zoll große Scheiben schneiden
- 2 Knoblauchzehen, gehackt
- 2 Teelöffel geriebener frischer Ingwer
- 3 Unzen weiße Pilzkappen, leicht abgespült, trocken getupft und in $1/2$ Zoll große Scheiben geschnitten
- 1 Esslöffel cremige Erdnussbutter
- 2 Teelöffel hellbrauner Zucker
- 1 Teelöffel asiatische Chilipaste
- 2 Esslöffel Sojasauce
- 1 Esslöffel Mirin
- 1 (13,5 Unzen) Dose ungesüßte Kokosmilch
- 6 Unzen gehackter frischer Spinat
- 1 Esslöffel geröstetes Sesamöl
- Frisch gekochter Reis oder Nudeln zum Servieren
- 2 Esslöffel fein gehacktes frisches Thai-Basilikum oder Koriander
- 2 Esslöffel zerstoßene ungesalzene geröstete Erdnüsse
- 2 Teelöffel gehackter kristallisierter Ingwer (optional)

Den Tofu in $1/2$ Zoll große Würfel schneiden und beiseite stellen. In einer großen Pfanne 1 Esslöffel Öl erhitzen mittlere bis hohe Hitze. Den Tofu hinzufügen und unter Rühren etwa 7 Minuten lang goldbraun braten. Den Tofu aus der Pfanne nehmen und beiseite stellen.

In derselben Pfanne den restlichen 1 Esslöffel Öl bei mittlerer Hitze erhitzen. Schalotten, Knoblauch, Ingwer und Pilze hinzufügen und etwa 4 Minuten unter Rühren braten, bis sie weich sind.

Erdnussbutter, Zucker, Chilipaste, Sojasauce und Mirin unterrühren. Die Kokosmilch einrühren und gut verrühren. Den gebratenen Tofu und den Spinat hinzufügen und zum Kochen bringen. Reduzieren Sie die Hitze auf mittlere bis niedrige Stufe und köcheln Sie unter gelegentlichem Rühren, bis der Spinat zusammengefallen ist und die Aromen gut vermischt sind (5 bis 7 Minuten). Das Sesamöl einrühren und eine weitere Minute köcheln lassen. Zum Servieren die Tofu-Mischung auf Reis oder Nudeln Ihrer Wahl löffeln und mit Kokosnuss, Basilikum, Erdnüssen und kristallisiertem Ingwer (falls verwendet) belegen. Sofort servieren.

## 22. Mit Chipotle bemalter gebackener Tofu

**Ergibt 4 Portionen**

- 2 Esslöffel Sojasauce
- 2 Chipotle-Chilis aus der Dose in Adobo
- 1 Esslöffel Olivenöl
- 1 Pfund extrafester Tofu, abgetropft, in $1/2$ Zoll dicke Scheiben geschnitten und gepresst (siehe Leichte Gemüsebrühe)

Heizen Sie den Ofen auf 375 °F vor. Eine 9 x 13 Zoll große Backform leicht einölen und beiseite stellen.

In einer Küchenmaschine Sojasauce, Chipotles und Öl vermischen und verrühren, bis alles gut vermengt ist. Kratzen Sie die Chipotle-Mischung in eine kleine Schüssel.

Bestreichen Sie beide Seiten der Tofuscheiben mit der Chipotle-Mischung und legen Sie sie in einer einzigen Schicht in die vorbereitete Pfanne. Etwa 20 Minuten heiß backen. Sofort servieren.

## 23. Gegrillter Tofu mit Tamarindenglasur

**Ergibt 4 Portionen**

- 1 Pfund extrafester Tofu, abgetropft und trocken getupft
- Salz und frisch gemahlener schwarzer Pfeffer
- 2 Esslöffel Olivenöl
- 2 mittelgroße Schalotten, gehackt
- 2 Knoblauchzehen, gehackt
- 2 reife Tomaten, grob gehackt
- 2 Esslöffel Ketchup
- $1/4$ Tasse Wasser
- 2 Esslöffel Dijon-Senf
- 1 Esslöffel dunkelbrauner Zucker
- 2 Esslöffel Agavennektar
- 2 Esslöffel Tamarindenkonzentrat
- 1 Esslöffel dunkle Melasse
- $1/2$ Teelöffel gemahlener Cayennepfeffer
- 1 Esslöffel geräuchertes Paprikapulver
- 1 Esslöffel Sojasauce

Den Tofu in 2,5 cm dicke Scheiben schneiden, mit Salz und Pfeffer abschmecken und in einer flachen Backform beiseite stellen.

In einem großen Topf das Öl bei mittlerer Hitze erhitzen. Schalotten und Knoblauch dazugeben und 2 Minuten anbraten. Alle restlichen Zutaten außer dem Tofu hinzufügen. Die Hitze auf niedrige Stufe reduzieren und 15 Minuten köcheln lassen. Die Mischung in einen Mixer oder eine Küchenmaschine geben und glatt rühren. Zurück in den Topf geben und weitere 15 Minuten kochen lassen, dann zum Abkühlen beiseite stellen. Die Soße über den Tofu gießen und mindestens 2 Stunden kühl stellen. Heizen Sie einen Grill oder Grill vor.

Grillen Sie den marinierten Tofu, indem Sie ihn einmal wenden, um ihn zu erhitzen und auf beiden Seiten schön zu bräunen. Während der Tofu grillt, die Marinade in einem Topf erneut erhitzen. Den Tofu vom Grill nehmen, jede Seite mit der Tamarindensauce bestreichen und sofort servieren.

## 24. Mit Brunnenkresse gefüllter Tofu

**Ergibt 4 Portionen**

- 1 Pfund extrafester Tofu, abgetropft, in ¾-Zoll-Scheiben geschnitten und gepresst (siehe Leichte Gemüsebrühe )
- Salz und frisch gemahlener schwarzer Pfeffer
- 1 kleiner Bund Brunnenkresse, harte Stiele entfernt und gehackt
- 2 reife Pflaumentomaten, gehackt
- ½ Tasse gehackte Frühlingszwiebeln
- 2 Esslöffel gehackte frische Petersilie
- 2 Esslöffel gehacktes frisches Basilikum
- 1 Teelöffel gehackter Knoblauch
- 2 Esslöffel Olivenöl
- 1 Esslöffel Balsamico-Essig
- eine Prise Zucker
- ½ Tasse Allzweckmehl
- ½ Tasse Wasser
- 1 ½ Tassen trockene, ungewürzte Semmelbrösel

Schneiden Sie eine lange, tiefe Tasche in die Seite jeder Tofuscheibe und legen Sie den Tofu auf ein Backblech. Mit Salz und Pfeffer abschmecken und beiseite stellen.

In einer großen Schüssel Brunnenkresse, Tomaten, Frühlingszwiebeln, Petersilie, Basilikum, Knoblauch, 2 Esslöffel Öl, Essig, Zucker sowie Salz und Pfeffer nach Geschmack vermischen. Mischen, bis alles gut vermischt ist, dann die Mischung vorsichtig in die Tofutaschen füllen.

Geben Sie das Mehl in eine flache Schüssel. Gießen Sie das Wasser in eine separate flache Schüssel. Die Semmelbrösel auf einen großen Teller geben. Den Tofu im Mehl wenden, dann vorsichtig in das Wasser tauchen und anschließend in den Semmelbröseln wälzen und gründlich damit bestreichen.

In einer großen Pfanne die restlichen 2 Esslöffel Öl bei mittlerer Hitze erhitzen. Den gefüllten Tofu in die Pfanne geben und goldbraun braten, dabei einmal wenden, 4 bis 5 Minuten pro Seite. Sofort servieren.

## 25. Tofu mit Pistazien-Granatapfel

**Ergibt 4 Portionen**

- 1 Pfund extrafester Tofu, abgetropft, in $1/4$ Zoll große Scheiben geschnitten und gepresst (siehe Leichte Gemüsebrühe )
- Salz und frisch gemahlener schwarzer Pfeffer
- 2 Esslöffel Olivenöl
- $1/2$ Tasse Granatapfelsaft
- 1 Esslöffel Balsamico-Essig
- 1 Esslöffel hellbrauner Zucker
- 2 Frühlingszwiebeln, gehackt
- $1/2$ Tasse ungesalzene geschälte Pistazien, grob gehackt
- Den Tofu mit Salz und Pfeffer abschmecken.

In einer großen Pfanne das Öl bei mittlerer Hitze erhitzen. Fügen Sie die Tofuscheiben hinzu, bei Bedarf portionsweise, und kochen Sie sie etwa 4 Minuten pro Seite, bis sie leicht gebräunt sind. Aus der Pfanne nehmen und beiseite stellen.

In derselben Pfanne Granatapfelsaft, Essig, Zucker und Frühlingszwiebeln hinzufügen und bei mittlerer Hitze 5 Minuten köcheln lassen. Die Hälfte der Pistazien dazugeben und ca. 5 Minuten kochen, bis die Sauce leicht eingedickt ist.

Geben Sie den gebratenen Tofu wieder in die Pfanne und kochen Sie ihn etwa fünf Minuten lang, bis er heiß ist. Geben Sie dabei die Soße über den Tofu, während er köchelt. Sofort servieren, mit den restlichen Pistazien bestreut.

## 26. Gewürzinsel-Tofu

**Ergibt 4 Portionen**

- ¹/₂ Tasse Maisstärke
- ½ Teelöffel gehackter frischer Thymian oder ¼ Teelöffel getrockneter
- ½ Teelöffel gehackter frischer Majoran oder ¼ Teelöffel getrockneter
- ¹/₂ Teelöffel Salz
- ¹/₄ Teelöffel gemahlener Cayennepfeffer
- ¹/₄ Teelöffel süßer oder geräucherter Paprika
- ¹/₄ Teelöffel hellbrauner Zucker
- ¹/₈ Teelöffel gemahlener Piment
- 1 Pfund extrafester Tofu, abgetropft und in ¹/₂ Zoll große Streifen geschnitten
- 2 Esslöffel Raps- oder Traubenkernöl
- 1 mittelgroße rote Paprika, in ¹/₄ Zoll große Streifen geschnitten
- 2 Frühlingszwiebeln, gehackt
- 1 Knoblauchzehe, gehackt
- 1 Jalapeño, entkernt und gehackt
- 2 reife Pflaumentomaten, entkernt und gehackt
- 1 Tasse gehackte frische Ananas oder Ananas aus der Dose
- 2 Esslöffel Sojasauce
- ¹/₄ Tasse Wasser
- 2 Teelöffel frischer Limettensaft
- 1 Esslöffel gehackte frische Petersilie zum Garnieren

In einer flachen Schüssel Maisstärke, Thymian, Majoran, Salz, Cayennepfeffer, Paprika, Zucker und Piment vermischen. Gut mischen. Den Tofu in der Gewürzmischung eintauchen und von allen Seiten bestreichen. Den Ofen auf 250°F vorheizen.

In einer großen Pfanne 2 Esslöffel Öl bei mittlerer Hitze erhitzen. Fügen Sie den ausgebaggerten Tofu hinzu, bei Bedarf portionsweise, und kochen Sie ihn etwa 4 Minuten pro Seite, bis er goldbraun ist. Den frittierten Tofu auf einen hitzebeständigen Teller geben und im Ofen warm halten.

In derselben Pfanne den restlichen 1 Esslöffel Öl bei mittlerer Hitze erhitzen. Paprika, Frühlingszwiebeln, Knoblauch und Jalapeño hinzufügen. Abdecken und unter gelegentlichem Rühren ca. 10 Minuten kochen, bis es weich ist. Tomaten, Ananas, Sojasauce, Wasser und Limettensaft hinzufügen und etwa 5 Minuten köcheln lassen, bis die Mischung heiß ist und sich die Aromen vermischt haben. Die Gemüsemischung darüber geben der frittierte Tofu. Mit gehackter Petersilie bestreuen und sofort servieren.

## 27. Ingwer-Tofu mit Zitrus-Hoisin-Sauce

**Ergibt 4 Portionen**

- 1 Pfund extrafester Tofu, abgetropft, trocken getupft und in $1/2$ Zoll große Würfel geschnitten
- 2 Esslöffel Sojasauce
- 2 Esslöffel plus 1 Teelöffel Maisstärke
- 1 Esslöffel plus 1 Teelöffel Raps- oder Traubenkernöl
- 1 Teelöffel geröstetes Sesamöl
- 2 Teelöffel geriebener frischer Ingwer
- Frühlingszwiebeln, gehackt
- $1/3$ Tasse Hoisinsauce
- $1/2$ Tasse Gemüsebrühe, selbstgemacht (siehe Leichte Gemüsebrühe ) oder im Laden gekauft
- $1/4$ Tasse frischer Orangensaft
- $1\ 1/2$ Esslöffel frischer Limettensaft
- $1\ 1/2$ Esslöffel frischer Zitronensaft
- Salz und frisch gemahlener schwarzer Pfeffer

Den Tofu in eine flache Schüssel geben. Fügen Sie die Sojasauce hinzu und vermengen Sie sie, bestreuen Sie sie dann mit 2 Esslöffeln Maisstärke und vermengen Sie sie.

In einer großen Pfanne 1 Esslöffel Rapsöl bei mittlerer Hitze erhitzen. Den Tofu dazugeben und etwa 10 Minuten lang unter gelegentlichem Wenden goldbraun braten. Den Tofu aus der Pfanne nehmen und beiseite stellen.

In derselben Pfanne den restlichen 1 Teelöffel Rapsöl und das Sesamöl bei mittlerer Hitze erhitzen. Den Ingwer und die Frühlingszwiebeln hinzufügen und etwa 1 Minute kochen, bis sie duften. Hoisinsauce, Brühe und Orangensaft einrühren und zum Kochen bringen. Kochen, bis die Flüssigkeit leicht reduziert ist und sich die Aromen vermischen können, etwa 3 Minuten. In einer kleinen Schüssel den restlichen 1 Teelöffel Maisstärke mit Limettensaft und Zitronensaft vermischen und unter Rühren zur Soße geben, bis sie leicht eindickt. Mit Salz und Pfeffer abschmecken.

Geben Sie den gebratenen Tofu wieder in die Pfanne und kochen Sie ihn, bis er mit der Soße bedeckt und durchgewärmt ist. Sofort servieren.

## 28. Tofu mit Zitronengras und Zuckerschoten

**Ergibt 4 Portionen**

- 2 Esslöffel Raps- oder Traubenkernöl
- 1 mittelgroße rote Zwiebel, halbiert und in dünne Scheiben geschnitten
- 2 Knoblauchzehen, gehackt
- 1 Teelöffel geriebener frischer Ingwer
- 1 Pfund extrafester Tofu, abgetropft und in $1/2$ Zoll große Würfel geschnitten
- 2 Esslöffel Sojasauce
- 1 Esslöffel Mirin oder Sake
- 1 Teelöffel Zucker
- $1/2$ Teelöffel zerstoßener roter Pfeffer
- 4 Unzen Zuckerschoten, getrimmt
- 1 Esslöffel gehacktes Zitronengras oder Schale einer Zitrone
- 2 Esslöffel grob gemahlene, ungesalzene, geröstete Erdnüsse zum Garnieren

Erhitzen Sie das Öl in einer großen Pfanne oder einem Wok bei mittlerer bis hoher Hitze. Zwiebel, Knoblauch und Ingwer hinzufügen und 2 Minuten lang anbraten. Den Tofu hinzufügen und ca. 7 Minuten goldbraun braten.

Sojasauce, Mirin, Zucker und zerstoßenen roten Pfeffer hinzufügen. Fügen Sie die Zuckerschoten und das Zitronengras hinzu und braten Sie alles etwa 3 Minuten lang an, bis die Zuckerschoten knusprig und zart sind und sich die Aromen gut vermischt haben. Mit Erdnüssen garnieren und sofort servieren.

## 29. Doppel-Sesam-Tofu mit Tahini-Sauce

**Ergibt 4 Portionen**

- $1/2$ Tasse Tahini (Sesampaste)
- 2 Esslöffel frischer Zitronensaft
- 2 Esslöffel Sojasauce
- 2 Esslöffel Wasser
- $1/4$ Tasse weiße Sesamkörner
- $1/4$ Tasse schwarzer Sesam
- $1/2$ Tasse Maisstärke
- 1 Pfund extrafester Tofu, abtropfen lassen, trocken tupfen und in $1/2$ Zoll große Streifen schneiden
- Salz und frisch gemahlener schwarzer Pfeffer
- 2 Esslöffel Raps- oder Traubenkernöl

In einer kleinen Schüssel Tahini, Zitronensaft, Sojasauce und Wasser vermischen und gut verrühren. Beiseite legen.

In einer flachen Schüssel die weißen und schwarzen Sesamkörner und die Maisstärke vermischen und verrühren. Den Tofu mit Salz und Pfeffer abschmecken. Beiseite legen.

In einer großen Pfanne das Öl bei mittlerer Hitze erhitzen. Den Tofu in der Sesammischung eintauchen, bis er gut bedeckt ist, dann in die heiße Pfanne geben und rundherum bräunen und knusprig braten, dabei je nach Bedarf wenden, 3 bis 4 Minuten pro Seite. Achten Sie darauf, die Samen nicht zu verbrennen. Mit Tahinisauce beträufeln und sofort servieren.

## 30. Tofu-Edamame-Eintopf

**Ergibt 4 Portionen**

- 2 Esslöffel Olivenöl
- 1 mittelgroße gelbe Zwiebel, gehackt
- $1/2$ Tasse gehackter Sellerie
- 2 Knoblauchzehen, gehackt
- $1/2$ Zoll große Würfel geschnitten
- 1 Tasse geschälte frische oder gefrorene Edamame
- 2 Tassen geschälte und gewürfelte Zucchini
- $1/2$ Tasse gefrorene Babyerbsen
- 1 Teelöffel getrocknetes Bohnenkraut
- $1/2$ Teelöffel zerbröselter getrockneter Salbei
- $1/8$ Teelöffel gemahlener Cayennepfeffer
- $1\ 1/2$ Tassen Gemüsebrühe, selbstgemacht (siehe Leichte Gemüsebrühe ) oder im Laden gekauft, Salz und frisch gemahlener schwarzer Pfeffer
- 1 Pfund extrafester Tofu, abgetropft, trocken getupft und in $1/2$ Zoll große Würfel geschnitten
- 2 Esslöffel gehackte frische Petersilie

In einem großen Topf 1 Esslöffel Öl bei mittlerer Hitze erhitzen. Zwiebel, Sellerie und Knoblauch hinzufügen. Abdecken und ca. 10 Minuten kochen lassen, bis es weich ist. Kartoffeln, Edamame, Zucchini, Erbsen, Bohnenkraut, Salbei und Cayennepfeffer unterrühren. Die Brühe hinzufügen und zum Kochen bringen. Reduzieren Sie die Hitze auf eine niedrige Stufe und würzen Sie es mit Salz und Pfeffer ab. Abdecken und etwa 40 Minuten köcheln lassen, bis das Gemüse zart ist und sich die Aromen vermischt haben.

In einer großen Pfanne den restlichen 1 Esslöffel Öl bei mittlerer bis hoher Hitze erhitzen. Den Tofu hinzufügen und ca. 7 Minuten goldbraun braten. Mit Salz und Pfeffer abschmecken und beiseite stellen. Etwa 10 Minuten bevor der Eintopf fertig gekocht ist, den gebratenen Tofu und die Petersilie hinzufügen. Abschmecken, bei Bedarf nachwürzen und sofort servieren.

## 31. Sojabraune Traumkoteletts

**Ergibt 6 Portionen**

- 10 Unzen fester Tofu, abgetropft und zerkrümelt
- 2 Esslöffel Sojasauce
- $1/4$ Teelöffel süßes Paprikapulver
- $1/4$ Teelöffel Zwiebelpulver
- $1/4$ Teelöffel Knoblauchpulver
- $1/4$ Teelöffel frisch gemahlener schwarzer Pfeffer
- 1 Tasse Weizenglutenmehl (lebenswichtiges Weizengluten)
- 2 Esslöffel Olivenöl

In einer Küchenmaschine Tofu, Sojasauce, Paprika, Zwiebelpulver, Knoblauchpulver, Pfeffer und Mehl vermischen. Verarbeiten, bis alles gut vermischt ist. Übertragen Sie die Mischung auf eine ebene Arbeitsfläche und formen Sie sie zu einem Zylinder. Teilen Sie die Mischung in 6 gleiche Stücke und drücken Sie sie zu sehr dünnen, nicht mehr als $1/4$ Zoll dicken Schnitzeln flach. (Legen Sie dazu jedes Schnitzel zwischen zwei Stücke Wachspapier, Frischhaltefolie oder Pergamentpapier und rollen Sie es mit einem Nudelholz flach aus.)

In einer großen Pfanne das Öl bei mittlerer Hitze erhitzen. Geben Sie die Koteletts hinzu, bei Bedarf portionsweise, decken Sie sie ab und braten Sie sie 5 bis 6 Minuten pro Seite, bis sie auf beiden Seiten schön gebräunt sind. Die Schnitzel können nun in Rezepten verwendet oder sofort mit einer Sauce serviert werden.

## 32. Mein irgendwie Hackbraten

**Ergibt 4 bis 6 Portionen**

- 2 Esslöffel Olivenöl
- $2/3$ Tasse gehackte Zwiebel
- 2 Knoblauchzehen, gehackt
- 1 Pfund extrafester Tofu, abgetropft und trocken getupft
- 2 Esslöffel Ketchup
- 2 Esslöffel Tahini (Sesampaste) oder cremige Erdnussbutter
- 2 Esslöffel Sojasauce
- $1/2$ Tasse gemahlene Walnüsse
- 1 Tasse altmodische Haferflocken
- 1 Tasse Weizenglutenmehl (lebenswichtiges Weizengluten)
- 2 Esslöffel gehackte frische Petersilie
- $1/2$ Teelöffel Salz
- $1/2$ Teelöffel süßes Paprikapulver
- $1/4$ Teelöffel frisch gemahlener schwarzer Pfeffer

Heizen Sie den Ofen auf 375 °F vor. Eine 9-Zoll-Kastenform leicht einölen und beiseite stellen. In einer großen Pfanne 1 Esslöffel Öl bei mittlerer Hitze erhitzen. Fügen Sie die Zwiebel und den Knoblauch hinzu, decken Sie das Ganze ab und kochen Sie es 5 Minuten lang, bis es weich ist.

In einer Küchenmaschine Tofu, Ketchup, Tahini und Sojasauce vermischen und glatt rühren. Fügen Sie die reservierte Zwiebelmischung und alle restlichen Zutaten hinzu. Pulsieren, bis alles gut vermischt ist, aber noch etwas Konsistenz übrig ist.

Kratzen Sie die Mischung in die vorbereitete Pfanne. Drücken Sie die Mischung fest in die Pfanne und glätten Sie die Oberfläche. Etwa 1 Stunde backen, bis es fest und goldbraun ist. Vor dem Schneiden 10 Minuten ruhen lassen.

## 33. Sehr Vanille-French-Toast

**Ergibt 4 Portionen**

1 (12 Unzen) Packung fester Seidentofu, abgetropft
1 $1/2$ Tassen Sojamilch
2 Esslöffel Maisstärke
1 Esslöffel Raps- oder Traubenkernöl
2 Teelöffel Zucker
1 $1/2$ Teelöffel reiner Vanilleextrakt
$1/4$ Teelöffel Salz
4 Scheiben italienisches Brot vom Vortag
Raps- oder Traubenkernöl zum Braten

Den Ofen auf 225°F vorheizen. In einem Mixer oder einer Küchenmaschine Tofu, Sojamilch, Maisstärke, Öl, Zucker, Vanille und Salz vermischen und glatt rühren.

Gießen Sie den Teig in eine flache Schüssel, tauchen Sie das Brot in den Teig und wenden Sie es, bis es von beiden Seiten bedeckt ist.

Erhitzen Sie auf einer Grillplatte oder einer großen Pfanne eine dünne Schicht Öl bei mittlerer Hitze. Den French Toast auf die heiße Grillplatte legen und auf beiden Seiten goldbraun braten, dabei einmal wenden, 3 bis 4 Minuten pro Seite.

Übertragen Sie den fertigen French Toast auf einen hitzebeständigen Teller und halten Sie ihn im Ofen warm, während Sie den Rest garen.

## 34. Sesam-Soja-Frühstücksaufstrich

**Ergibt etwa 1 Tasse**

$1/2$ Tasse weicher Tofu, abgetropft und trocken getupft
2 Esslöffel Tahini (Sesampaste)
2 Esslöffel Nährhefe
1 Esslöffel frischer Zitronensaft
2 Teelöffel Leinsamenöl
1 Teelöffel geröstetes Sesamöl
$1/2$ Teelöffel Salz

Alle Zutaten in einem Mixer oder einer Küchenmaschine vermischen und glatt rühren. Kratzen Sie die Mischung in eine kleine Schüssel, decken Sie sie ab und stellen Sie sie mehrere Stunden lang in den Kühlschrank, um den Geschmack zu vertiefen. Bei richtiger Lagerung ist es bis zu 3 Tage haltbar.

## 35. Heizkörper mit Aurora-Sauce

**Ergibt 4 Portionen**

- 1 Esslöffel Olivenöl
- 3 Knoblauchzehen, gehackt
- 3 Frühlingszwiebeln, gehackt
- (28 Unzen) Dose zerdrückte Tomaten
- 1 Teelöffel getrocknetes Basilikum
- $1/2$ Teelöffel getrockneter Majoran
- 1 Teelöffel Salz
- $1/4$ Teelöffel frisch gemahlener schwarzer Pfeffer
- $1/3$ Tasse veganer Frischkäse oder abgetropfter weicher Tofu
- 1 Pfund Radiatore oder andere kleine, geformte Nudeln
- 2 Esslöffel gehackte frische Petersilie zum Garnieren

In einem großen Topf das Öl bei mittlerer Hitze erhitzen. Den Knoblauch und die Frühlingszwiebeln hinzufügen und 1 Minute kochen, bis sie duften. Tomaten, Basilikum, Majoran, Salz und Pfeffer unterrühren. Die Soße zum Kochen bringen, dann die Hitze reduzieren und 15 Minuten köcheln lassen, dabei gelegentlich umrühren.

Den Frischkäse in einer Küchenmaschine glatt rühren. 2 Tassen Tomatensauce hinzufügen und glatt rühren. Kratzen Sie die Tofu-Tomaten-Mischung mit der Tomatensauce zurück in den Topf und rühren Sie um, um sie zu vermischen. Abschmecken und bei Bedarf nachwürzen. Bei schwacher Hitze warm halten.

In einem großen Topf mit kochendem Salzwasser die Nudeln bei mittlerer bis hoher Hitze unter gelegentlichem Rühren etwa 10 Minuten al dente kochen. Gut abtropfen lassen und in eine große Servierschüssel geben. Die Soße dazugeben und vorsichtig umrühren. Mit Petersilie bestreuen und sofort servieren.

## 36. Klassische Tofu-Lasagne

**Ergibt 6 Portionen**

- 12 Unzen Lasagne-Nudeln
- 1 Pfund fester Tofu, abgetropft und zerbröckelt
- 1 Pfund weicher Tofu, abgetropft und zerbröckelt
- 2 Esslöffel Nährhefe
- 1 Teelöffel frischer Zitronensaft
- 1 Teelöffel Salz
- $1/4$ Teelöffel frisch gemahlener schwarzer Pfeffer
- 3 Esslöffel gehackte frische Petersilie
- $1/2$ Tasse veganer Parmesan oder Parmasio
- 4 Tassen Marinara-Sauce, hausgemacht (siehe Marinara-Sauce ) oder im Laden gekauft

In einem Topf mit kochendem Salzwasser die Nudeln bei mittlerer bis hoher Hitze kochen, dabei gelegentlich umrühren, bis sie gerade al dente sind, etwa 7 Minuten. Heizen Sie den Ofen auf 350 °F vor. In einer großen Schüssel den festen und den weichen Tofu vermischen. Nährhefe, Zitronensaft, Salz, Pfeffer, Petersilie und $1/4$ Tasse Parmesan hinzufügen. Mischen, bis alles gut vermischt ist.

Eine Schicht Tomatensauce auf den Boden einer 9 x 13 Zoll großen Auflaufform geben. Mit einer Schicht gekochter Nudeln belegen. Die Hälfte der Tofu-Mischung gleichmäßig auf den Nudeln verteilen. Wiederholen Sie den Vorgang mit einer weiteren Schicht Nudeln, gefolgt von einer Schicht Soße. Die restliche Tofu-Mischung auf der Soße verteilen und mit einer letzten Schicht Nudeln und Soße abschließen. Mit der restlichen $1/4$ Tasse Parmesan bestreuen. Wenn noch Soße übrig ist, bewahren Sie diese auf und servieren Sie sie heiß in einer Schüssel neben der Lasagne.

Mit Folie abdecken und 45 Minuten backen. Deckel abnehmen und 10 Minuten länger backen. Vor dem Servieren 10 Minuten ruhen lassen.

## 37. Rote Mangold-Spinat-Lasagne

**Ergibt 6 Portionen**

- 12 Unzen Lasagne-Nudeln
- 1 Esslöffel Olivenöl
- 2 Knoblauchzehen, gehackt
- 8 Unzen frischer roter Mangold, harte Stiele entfernt und grob gehackt
- 9 Unzen frischer Babyspinat, grob gehackt
- 1 Pfund fester Tofu, abgetropft und zerbröckelt
- 1 Pfund weicher Tofu, abgetropft und zerbröselt
- 2 Esslöffel Nährhefe
- 1 Teelöffel frischer Zitronensaft
- 2 Esslöffel gehackte frische glatte Petersilie
- 1 Teelöffel Salz
- 1/4 Teelöffel frisch gemahlener schwarzer Pfeffer
- 3 1/2 Tassen Marinara-Sauce, hausgemacht oder im Laden gekauft

In einem Topf mit kochendem Salzwasser die Nudeln bei mittlerer bis hoher Hitze kochen, dabei gelegentlich umrühren, bis sie gerade al dente sind, etwa 7 Minuten. Heizen Sie den Ofen auf 350 °F vor.

In einem großen Topf das Öl bei mittlerer Hitze erhitzen. Den Knoblauch hinzufügen und kochen, bis er duftet. Den Mangold dazugeben und unter Rühren ca. 5 Minuten kochen, bis er zusammengefallen ist. Fügen Sie den Spinat hinzu und kochen Sie ihn unter Rühren noch etwa 5 Minuten lang, bis er zusammengefallen ist. Abdecken und ca. 3 Minuten weich kochen. Aufdecken und zum Abkühlen beiseite stellen. Wenn das Gemüse kühl genug zum Anfassen ist, lassen Sie die restliche Feuchtigkeit vom Grün abtropfen und drücken Sie es mit einem großen Löffel an, um überschüssige Flüssigkeit herauszudrücken. Geben Sie das Grün in eine große Schüssel. Tofu, Nährhefe, Zitronensaft, Petersilie, Salz und Pfeffer hinzufügen. Mischen, bis alles gut vermischt ist.

Eine Schicht Tomatensauce auf den Boden einer 9 x 13 Zoll großen Auflaufform geben. Mit einer Schicht Nudeln belegen. Die Hälfte der Tofu-Mischung gleichmäßig auf den Nudeln verteilen. Wiederholen Sie den Vorgang mit einer weiteren Schicht Nudeln und einer Schicht Soße. Die restliche Tofu-Mischung auf der Soße verteilen und mit einer letzten Schicht Nudeln, Soße und Parmesan abschließen.

Mit Folie abdecken und 45 Minuten backen. Deckel abnehmen und 10 Minuten länger backen. Vor dem Servieren 10 Minuten ruhen lassen.

## 38. geröstete Gemüse Lasagne

**Ergibt 6 Portionen**

- 1 mittelgroße Zucchini, in $^1/_4$ Zoll große Scheiben geschnitten
- $^1/_4$ Zoll große Scheiben geschnitten
- 1 mittelgroße rote Paprika, gewürfelt
- 2 Esslöffel Olivenöl
- Salz und frisch gemahlener schwarzer Pfeffer
- 8 Unzen Lasagne-Nudeln
- 1 Pfund fester Tofu, abgetropft, trocken getupft und zerbröselt
- 1 Pfund weicher Tofu, abgetropft, trocken getupft und zerbröselt
- 2 Esslöffel Nährhefe
- 2 Esslöffel gehackte frische glatte Petersilie
- 3 $^1/_2$ Tassen Marinara-Sauce, hausgemacht (siehe Marinara-Sauce ) oder im Laden gekauft

Heizen Sie den Ofen auf 425 °F vor. Zucchini, Aubergine und Paprika auf einer leicht geölten 9 x 13 Zoll großen Backform verteilen. Mit Öl beträufeln und mit Salz und schwarzem Pfeffer abschmecken. Das Gemüse ca. 20 Minuten rösten, bis es weich und leicht gebräunt ist. Aus dem Ofen nehmen und zum Abkühlen beiseite stellen. Senken Sie die Ofentemperatur auf 350 °F.

In einem Topf mit kochendem Salzwasser die Nudeln bei mittlerer bis hoher Hitze kochen, dabei gelegentlich umrühren, bis sie gerade al dente sind, etwa 7 Minuten. Abtropfen lassen und beiseite stellen. In einer großen Schüssel den Tofu mit der Nährhefe, Petersilie sowie

Salz und Pfeffer nach Geschmack vermischen. Gut mischen.

Zum Zusammenstellen eine Schicht Tomatensauce auf dem Boden einer 9 x 13 Zoll großen Auflaufform verteilen. Die Soße mit einer Schicht Nudeln belegen. Die Nudeln mit der Hälfte des gerösteten Gemüses belegen und dann die Hälfte der Tofu-Mischung auf dem Gemüse verteilen. Wiederholen Sie den Vorgang mit einer weiteren Schicht Nudeln und geben Sie noch mehr Soße darüber. Wiederholen Sie den Schichtvorgang mit der restlichen Gemüse-Tofu-Mischung und schließen Sie mit einer Schicht Nudeln und Soße ab. Parmesan darüber streuen.

Abdecken und 45 Minuten backen. Deckel abnehmen und weitere 10 Minuten backen. Aus dem Ofen nehmen und vor dem Schneiden 10 Minuten ruhen lassen.

## 39. Lasagne mit Radicchio und Pilzen

**Ergibt 6 Portionen**

- 1 Esslöffel Olivenöl
- 2 Knoblauchzehen, gehackt
- 1 kleiner Kopf Radicchio, zerkleinert
- 8 Unzen Cremini-Pilze, leicht abgespült, trocken getupft und in dünne Scheiben geschnitten
- Salz und frisch gemahlener schwarzer Pfeffer
- 8 Unzen Lasagne-Nudeln
- 1 Pfund fester Tofu, abgetropft, trocken getupft und zerbröckelt
- 1 Pfund weicher Tofu, abgetropft, trocken getupft und zerbröckelt
- 3 Esslöffel Nährhefe
- 2 Esslöffel gehackte frische Petersilie
- 3 Tassen Marinara-Sauce, hausgemacht (siehe Marinara-Sauce ) oder im Laden gekauft

In einer großen Pfanne das Öl bei mittlerer Hitze erhitzen. Knoblauch, Radicchio und Pilze hinzufügen. Abdecken und unter gelegentlichem Rühren ca. 10 Minuten kochen, bis es weich ist. Mit Salz und Pfeffer abschmecken und beiseite stellen

In einem Topf mit kochendem Salzwasser die Nudeln bei mittlerer bis hoher Hitze kochen, dabei gelegentlich umrühren, bis sie gerade al dente sind, etwa 7 Minuten. Abtropfen lassen und beiseite stellen. Ofen auf 350°F vorheizen.

In einer großen Schüssel den festen und weichen Tofu vermischen. Nährhefe und Petersilie dazugeben und gut verrühren. Die Radicchio-Pilz-Mischung untermischen und mit Salz und Pfeffer abschmecken.

Eine Schicht Tomatensauce auf den Boden einer 9 x 13 Zoll großen Auflaufform geben. Mit einer Schicht Nudeln belegen. Die Hälfte der Tofu-Mischung gleichmäßig auf den Nudeln verteilen. Wiederholen Sie den Vorgang mit einer weiteren Schicht Nudeln, gefolgt von einer Schicht Soße. Die restliche Tofu-Mischung darauf verteilen und mit einer letzten Schicht Nudeln und Soße abschließen. Die Oberseite mit gemahlenen Walnüssen bestreuen.

Mit Folie abdecken und 45 Minuten backen. Deckel abnehmen und 10 Minuten länger backen. Vor dem Servieren 10 Minuten ruhen lassen.

## 40. Lasagne Primavera

**Ergibt 6 bis 8 Portionen**

- 8 Unzen Lasagne-Nudeln
- 2 Esslöffel Olivenöl
- 1 kleine gelbe Zwiebel, gehackt
- 3 Knoblauchzehen, gehackt
- 6 Unzen Seidentofu, abgetropft
- 3 Tassen einfache ungesüßte Sojamilch
- 3 Esslöffel Nährhefe
- $1/8$ Teelöffel gemahlene Muskatnuss
- Salz und frisch gemahlener schwarzer Pfeffer
- 2 Tassen gehackte Brokkoliröschen
- 2 mittelgroße Karotten, gehackt
- 1 kleine Zucchini, der Länge nach halbieren oder vierteln und in $1/4$ Zoll dicke Scheiben schneiden
- 1 mittelgroße rote Paprika, gehackt
- 2 Pfund fester Tofu, abgetropft und trocken getupft
- 2 Esslöffel gehackte frische glatte Petersilie
- $1/2$ Tasse veganer Parmesan oder Parmasio
- $1/2$ Tasse gemahlene Mandeln oder Pinienkerne

Heizen Sie den Ofen auf 350 °F vor. In einem Topf mit kochendem Salzwasser die Nudeln bei mittlerer bis hoher Hitze kochen, dabei gelegentlich umrühren, bis sie gerade al dente sind, etwa 7 Minuten. Abtropfen lassen und beiseite stellen.

Erhitzen Sie das Öl in einer kleinen Pfanne bei mittlerer Hitze. Zwiebel und Knoblauch dazugeben, abdecken und etwa 5 Minuten weich kochen. Geben Sie die Zwiebelmischung in einen Mixer. Seidentofu,

Sojamilch, Nährhefe, Muskatnuss sowie Salz und Pfeffer nach Geschmack hinzufügen. Alles glatt rühren und beiseite stellen.

Brokkoli, Karotten, Zucchini und Paprika dünsten, bis sie weich sind. Vom Herd nehmen. Den festen Tofu in eine große Schüssel zerkrümeln. Petersilie und $1/4$ Tasse Parmesan dazugeben und mit Salz würzen Pfeffer zwei Schlüssel. Mischen, bis alles gut vermischt ist. Das gedünstete Gemüse einrühren und gut vermischen. Bei Bedarf noch mehr Salz und Pfeffer hinzufügen.

Geben Sie eine Schicht der weißen Soße auf den Boden einer leicht geölten 9 x 13 Zoll großen Auflaufform. Mit einer Schicht Nudeln belegen. Die Hälfte der Tofu-Gemüse-Mischung gleichmäßig auf den Nudeln verteilen. Wiederholen Sie den Vorgang mit einer weiteren Schicht Nudeln, gefolgt von einer Schicht Soße. Die restliche Tofu-Mischung darauf verteilen und mit einer letzten Schicht Nudeln und Soße abschließen, abschließend mit der restlichen $1/4$ Tasse Parmesan. Mit Folie abdecken und 45 Minuten backen

## 41. Lasagne mit schwarzen Bohnen und Kürbis

**Ergibt 6 bis 8 Portionen**

- 12 Lasagne-Nudeln
- 1 Esslöffel Olivenöl
- 1 mittelgroße gelbe Zwiebel, gehackt
- 1 mittelgroße rote Paprika, gehackt
- 2 Knoblauchzehen, gehackt
- 1 $^1/_2$ Tassen gekocht oder 1 (15,5 Unzen) Dose schwarze Bohnen, abgetropft und abgespült
- (14,5 Unzen) Dose zerkleinerte Tomaten
- 2 Teelöffel Chilipulver
- Salz und frisch gemahlener schwarzer Pfeffer
- 1 Pfund fester Tofu, gut abgetropft
- 3 Esslöffel gehackte frische Petersilie oder Koriander
- 1 (16 Unzen) Dose Kürbispüree
- 3 Tassen Tomatensalsa, hausgemacht (siehe Frische Tomatensalsa ) oder im Laden gekauft

In einem Topf mit kochendem Salzwasser die Nudeln bei mittlerer bis hoher Hitze kochen, dabei gelegentlich umrühren, bis sie gerade al dente sind, etwa 7 Minuten. Abtropfen lassen und beiseite stellen. Heizen Sie den Ofen auf 375 °F vor.

In einer großen Pfanne das Öl bei mittlerer Hitze erhitzen. Die Zwiebel hinzufügen, abdecken und kochen, bis sie weich ist. Paprika und Knoblauch dazugeben und weitere 5 Minuten kochen, bis sie weich sind. Bohnen, Tomaten, 1 Teelöffel Chilipulver sowie Salz und schwarzen Pfeffer nach Geschmack hinzufügen. Gut vermischen und beiseite stellen.

In einer großen Schüssel Tofu, Petersilie, den restlichen 1 Teelöffel Chilipulver sowie Salz und schwarzen Pfeffer nach Geschmack vermischen. Beiseite legen. In einer mittelgroßen Schüssel den Kürbis mit der Salsa vermischen und gut verrühren. Mit Salz und Pfeffer abschmecken.

Verteilen Sie etwa ¾ Tasse der Kürbismischung auf dem Boden einer 9 x 13 Zoll großen Auflaufform. Mit 4 Nudeln belegen. Geben Sie die Hälfte der Bohnenmischung darauf, gefolgt von der Hälfte der Tofu-Mischung. Vier Nudeln darauflegen, dann eine Schicht Kürbismischung darauflegen, dann die restliche Bohnenmischung darauf verteilen und mit den restlichen Nudeln belegen. Verteilen Sie die restliche Tofu-Mischung auf den Nudeln, gefolgt von der restlichen Kürbismischung und verteilen Sie diese bis zum Rand der Pfanne.

Mit Folie abdecken und etwa 50 Minuten lang backen, bis es heiß und sprudelnd ist. Aufdecken, mit Kürbiskernen bestreuen und vor dem Servieren 10 Minuten ruhen lassen.

## 42. Mit Mangold gefüllte Manicotti

**Ergibt 4 Portionen**

- 12 Manicotti
- 3 Esslöffel Olivenöl
- 1 kleine Zwiebel, gehackt
- 1 mittelgroßer Bund Mangold, harte Stiele abgeschnitten und gehackt
- 1 Pfund fester Tofu, abgetropft und zerbröckelt
- Salz und frisch gemahlener schwarzer Pfeffer
- 1 Tasse rohe Cashewnüsse
- 3 Tassen einfache ungesüßte Sojamilch
- $1/8$ Teelöffel gemahlene Muskatnuss
- $1/8$ Teelöffel gemahlener Cayennepfeffer
- 1 Tasse trockene, ungewürzte Semmelbrösel

Heizen Sie den Ofen auf 350 °F vor. Eine 9 x 13 Zoll große Auflaufform leicht einölen und beiseite stellen.

In einem Topf mit kochendem Salzwasser die Manicotti bei mittlerer bis hoher Hitze unter gelegentlichem Rühren etwa 8 Minuten al dente kochen. Gut abtropfen lassen und unter kaltem Wasser laufen lassen. Beiseite legen.

In einer großen Pfanne 1 Esslöffel Öl bei mittlerer Hitze erhitzen. Fügen Sie die Zwiebel hinzu, decken Sie sie ab und kochen Sie sie etwa 5 Minuten lang, bis sie weich ist. Fügen Sie den Mangold hinzu, decken Sie ihn ab und kochen Sie ihn unter gelegentlichem Rühren etwa 10 Minuten lang, bis er weich ist. Vom Herd nehmen und den Tofu hinzufügen und gut vermischen. Mit Salz und Pfeffer abschmecken und beiseite stellen.

Mahlen Sie die Cashewnüsse in einem Mixer oder einer Küchenmaschine zu einem Pulver. Fügen Sie 1 $^1/_2$ Tassen Sojamilch, Muskatnuss, Cayennepfeffer und Salz nach Geschmack hinzu. Alles glatt rühren. Die restlichen 1 $^1/_2$ Tassen Sojamilch hinzufügen und cremig rühren. Abschmecken und bei Bedarf nachwürzen.

Eine Schicht Soße auf den Boden der vorbereiteten Auflaufform streichen. Packen Sie etwa $^1/_3$ Tasse davon ein Manicotti mit Mangoldfüllung füllen. Die gefüllten Manicotti in einer einzigen Schicht in der Auflaufform anrichten. Die restliche Soße über die Manicotti geben. In einer kleinen Schüssel die Semmelbrösel und die restlichen 2 Esslöffel Öl vermischen und über die Manicotti streuen. Mit Folie abdecken und etwa 30 Minuten lang backen, bis es heiß und sprudelnd ist. Sofort servieren

## 43. Spinat-Manicotti

**Ergibt 4 Portionen**

- 12 Manicotti
- 1 Esslöffel Olivenöl
- 2 mittelgroße Schalotten, gehackt
- 2 (10-Unzen) Packungen gefrorener, gehackter Spinat, aufgetaut
- 1 Pfund extrafester Tofu, abgetropft und zerkrümelt
- $1/4$ Teelöffel gemahlene Muskatnuss
- Salz und frisch gemahlener schwarzer Pfeffer
- 1 Tasse geröstete Walnussstücke
- 1 Tasse weicher Tofu, abgetropft und zerkrümelt
- $1/4$ Tasse Nährhefe
- 2 Tassen einfache ungesüßte Sojamilch
- 1 Tasse trockene Semmelbrösel

Heizen Sie den Ofen auf 350 °F vor. Eine 9 x 13 Zoll große Auflaufform leicht einölen. In einem Topf mit kochendem Salzwasser die Manicotti bei mittlerer bis hoher Hitze unter gelegentlichem Rühren etwa 10 Minuten al dente kochen. Gut abtropfen lassen und unter kaltem Wasser laufen lassen. Beiseite legen.

In einer großen Pfanne das Öl bei mittlerer Hitze erhitzen. Fügen Sie die Schalotten hinzu und kochen Sie sie etwa 5 Minuten lang, bis sie weich sind. Drücken Sie den Spinat aus, um so viel Flüssigkeit wie möglich zu entfernen, und geben Sie ihn zu den Schalotten. Mit Muskatnuss, Salz und Pfeffer abschmecken und 5 Minuten kochen lassen, dabei umrühren, um die Aromen zu vermischen. Den extrafesten Tofu dazugeben und gut verrühren. Beiseite legen.

Verarbeiten Sie die Walnüsse in einer Küchenmaschine, bis sie fein gemahlen sind. Den weichen Tofu, Nährhefe, Sojamilch sowie Salz und Pfeffer nach Geschmack hinzufügen. Zu einer glatten Masse verarbeiten.

Eine Schicht Walnusssoße auf dem Boden der vorbereiteten Auflaufform verteilen. Füllen Sie die Manicotti mit der Füllung. Die gefüllten Manicotti in einer einzigen Schicht in der Auflaufform anrichten. Die restliche Soße darüber geben. Mit Folie abdecken und etwa 30 Minuten heiß backen. Aufdecken, mit Semmelbröseln bestreuen und weitere 10 Minuten backen, um die Oberseite leicht zu bräunen. Sofort servieren

## 44. Lasagne-Windräder

**Ergibt 4 Portionen**

- 12 Lasagne-Nudeln
- 4 Tassen leicht verpackter frischer Spinat
- 1 Tasse gekochte oder eingemachte weiße Bohnen, abgetropft und abgespült
- 1 Pfund fester Tofu, abgetropft und trocken getupft
- $1/2$ Teelöffel Salz
- $1/4$ Teelöffel frisch gemahlener schwarzer Pfeffer
- $1/8$ Teelöffel gemahlene Muskatnuss
- 3 Tassen Marinara-Sauce, hausgemacht (siehe Marinara-Sauce ) oder im Laden gekauft

Heizen Sie den Ofen auf 350 °F vor. In einem Topf mit kochendem Salzwasser die Nudeln bei mittlerer bis hoher Hitze unter gelegentlichem Rühren etwa 7 Minuten kochen, bis sie gerade al dente sind.

Den Spinat mit 1 Esslöffel Wasser in eine mikrowellengeeignete Schüssel geben. Abdecken und 1 Minute in der Mikrowelle erhitzen, bis es zusammengefallen ist. Aus der Schüssel nehmen, restliche Flüssigkeit ausdrücken. Den Spinat in eine Küchenmaschine geben und zerkleinern. Bohnen, Tofu, Salz und Pfeffer hinzufügen und gut verrühren. Beiseite legen.

Um die Windräder zusammenzubauen, legen Sie die Nudeln auf eine ebene Arbeitsfläche. Verteilen Sie etwa 3 Esslöffel Tofu-Spinat-Mischung auf der Oberfläche jeder Nudel und rollen Sie sie auf. Mit den restlichen Zutaten wiederholen. Eine Schicht Tomatensauce auf dem Boden einer flachen Auflaufform verteilen. Stellen

Sie die Rollen aufrecht auf die Soße und geben Sie auf jedes Windrad etwas von der restlichen Soße. Mit Folie abdecken und 30 Minuten backen. Sofort servieren.

## 45. Kürbisravioli mit Erbsen

**Ergibt 4 Portionen**

- 1 Tasse Kürbispüree aus der Dose
- ¹/₂ Tasse extrafester Tofu, gut abgetropft und zerkrümelt
- 2 Esslöffel gehackte frische Petersilie
- Eine Prise gemahlene Muskatnuss
- Salz und frisch gemahlener schwarzer Pfeffer
- 1 Rezept Eierfreier Nudelteig
- ¹/₄ Zoll große Scheiben geschnitten
- 1 Tasse gefrorene Babyerbsen, aufgetaut

Tupfen Sie überschüssige Flüssigkeit mit einem Papiertuch vom Kürbis und vom Tofu ab und vermengen Sie sie dann in einer Küchenmaschine mit der Nährhefe, Petersilie, Muskatnuss sowie Salz und Pfeffer nach Geschmack. Beiseite legen.

Für die Ravioli den Nudelteig auf einer leicht bemehlten Fläche dünn ausrollen. Den Teig einschneiden

2 Zoll breite Streifen. Geben Sie 1 gehäuften Teelöffel Füllung auf einen Nudelstreifen, etwa 2,5 cm von der Oberseite entfernt. Geben Sie einen weiteren Teelöffel Füllung auf den Nudelstreifen, etwa einen Zentimeter unter dem ersten Löffel Füllung. Den Vorgang über die gesamte Länge des Teigstreifens wiederholen. Befeuchten Sie die Teigränder leicht mit Wasser und

legen Sie einen zweiten Nudelstreifen auf den ersten, so dass die Füllung bedeckt ist. Drücken Sie die beiden Teigschichten zwischen den Füllungsportionen zusammen. Schneiden Sie die Seiten des Teigs mit einem Messer ab, um ihn gerade zu machen, und schneiden Sie dann den Teig zwischen den einzelnen Füllungshügeln durch, um quadratische Ravioli zu erhalten. Achten Sie darauf, die Lufteinschlüsse rund um die Füllung herauszudrücken, bevor Sie sie verschließen. Drücken Sie mit den Zinken einer Gabel an den Teigrändern entlang, um die Ravioli zu verschließen. Die Ravioli auf einen bemehlten Teller geben und mit dem restlichen Teig und der Soße wiederholen. Beiseite legen.

In einer großen Pfanne das Öl bei mittlerer Hitze erhitzen. Fügen Sie die Schalotten hinzu und kochen Sie sie unter gelegentlichem Rühren etwa 15 Minuten lang, bis die Schalotten tief goldbraun, aber nicht verbrannt sind. Die Erbsen unterrühren und mit Salz und Pfeffer abschmecken. Bei sehr schwacher Hitze warm halten.

In einem großen Topf mit kochendem Salzwasser die Ravioli etwa 5 Minuten kochen, bis sie an der Oberfläche schwimmen. Gut abtropfen lassen und mit den Schalotten und Erbsen in die Pfanne geben. Ein bis zwei Minuten kochen lassen, um die Aromen zu vermischen, dann in eine große Servierschüssel umfüllen. Mit viel Pfeffer würzen und sofort servieren.

## 46. Artischocken-Walnuss-Ravioli

**Ergibt 4 Portionen**

- $1/3$ Tasse plus 2 Esslöffel Olivenöl
- 3 Knoblauchzehen, gehackt
- 1 (10-Unzen) Packung gefrorener Spinat, aufgetaut und trocken ausgedrückt
- 1 Tasse gefrorene Artischockenherzen, aufgetaut und gehackt
- $1/3$ Tasse fester Tofu, abgetropft und zerkrümelt
- 1 Tasse geröstete Walnussstücke
- $1/4$ Tasse dicht gepackte frische Petersilie
- Salz und frisch gemahlener schwarzer Pfeffer
- 1 Rezept Eierfreier Nudelteig
- 12 frische Salbeiblätter

In einer großen Pfanne 2 Esslöffel Öl bei mittlerer Hitze erhitzen. Knoblauch, Spinat und Artischockenherzen hinzufügen. Abdecken und kochen, bis der Knoblauch weich ist und die Flüssigkeit aufgesogen ist, etwa 3 Minuten, dabei gelegentlich umrühren. Geben Sie die Mischung in eine Küchenmaschine. Den Tofu, $1/4$ Tasse Walnüsse, die Petersilie und Salz und Pfeffer nach Geschmack. Verarbeiten, bis es zerkleinert und gründlich vermischt ist.

Zum Abkühlen beiseite stellen.

Fläche sehr dünn ausrollen (etwa $3{,}5_{cm}$). Schneiden Sie es in 2 Zoll breite Streifen. Geben Sie 1 gehäuften Teelöffel Füllung auf einen Nudelstreifen, etwa 2,5 cm von der Oberseite entfernt. Geben Sie einen weiteren

Teelöffel Füllung auf den Nudelstreifen, etwa 2,5 cm unter dem ersten Löffel Füllung. Den Vorgang über die gesamte Länge des Teigstreifens wiederholen.

Befeuchten Sie die Teigränder leicht mit Wasser und legen Sie einen zweiten Nudelstreifen auf den ersten, so dass die Füllung bedeckt ist.

Drücken Sie die beiden Teigschichten zwischen den Füllungsportionen zusammen. Schneiden Sie die Seiten des Teigs mit einem Messer ab, um ihn gerade zu machen, und schneiden Sie dann den Teig zwischen den einzelnen Füllhaufen durch, um quadratische Ravioli zu erhalten. Drücken Sie mit den Zinken einer Gabel an den Teigrändern entlang, um die Ravioli zu verschließen. Die Ravioli auf einen bemehlten Teller geben und mit dem restlichen Teig und der restlichen Füllung wiederholen.

Kochen Sie die Ravioli in einem großen Topf mit kochendem Salzwasser etwa 7 Minuten lang, bis sie an der Oberfläche schwimmen. Gut abtropfen lassen und beiseite stellen. In einer großen Pfanne das restliche $1/3$ Tasse Öl bei mittlerer Hitze erhitzen. Hinzufügen Den Salbei und die restlichen ¾ Tasse Walnüsse hinzufügen und kochen, bis der Salbei knusprig wird und die Walnüsse duften.

Fügen Sie die gekochten Ravioli hinzu und kochen Sie sie unter leichtem Rühren, bis sie mit der Sauce bedeckt sind, und erhitzen Sie sie. Sofort servieren.

## 47. Tortellini mit Orangensauce

**Ergibt 4 Portionen**

- 1 Esslöffel Olivenöl
- 3 Knoblauchzehen, fein gehackt
- 1 Tasse fester Tofu, abgetropft und zerkrümelt
- ¾ Tasse gehackte frische Petersilie
- $1/4$ Tasse veganer Parmesan oder Parmasio
- Salz und frisch gemahlener schwarzer Pfeffer
- 1 Rezept Eierfreier Nudelteig
- 2 $1/2$ Tassen Marinara-Sauce, hausgemacht (siehe Marinara-Sauce ) oder im Laden gekaufte Schale einer Orange
- $1/2$ Teelöffel zerstoßener roter Pfeffer
- $1/2$ Tasse Sojasahne oder ungesüßte Sojamilch

In einer großen Pfanne das Öl bei mittlerer Hitze erhitzen. Fügen Sie den Knoblauch hinzu und kochen Sie ihn etwa 1 Minute lang, bis er weich ist. Tofu, Petersilie, Parmesan sowie Salz und schwarzen Pfeffer nach Geschmack hinzufügen. Mischen, bis alles gut vermischt ist. Zum Abkühlen beiseite stellen.

zuzubereiten, rollen Sie den Teig dünn aus (ca. $^3$ cm) und schneiden Sie ihn in 5 $^{cm}$ große Quadrate. Ort

1 Teelöffel Füllung knapp neben der Mitte verteilen und eine Ecke des Nudelquadrats über die Füllung falten, sodass ein Dreieck entsteht. Drücken Sie die Kanten zusammen, um sie zu versiegeln. Wickeln Sie dann das Dreieck mit der Mitte nach unten um Ihren Zeigefinger und drücken Sie die Enden zusammen, damit sie festkleben. Falten Sie die Spitze des Dreiecks nach unten und schieben Sie es von Ihrem Finger ab.

Auf einem leicht bemehlten Teller beiseite stellen und mit dem restlichen Teig und der Füllung fortfahren.

In einem großen Topf die Marinara-Sauce, die Orangenschale und den zerstoßenen roten Pfeffer vermischen. Erhitzen, bis es heiß ist, dann den Sojasahne einrühren und bei sehr schwacher Hitze warm halten.

In einem Topf mit kochendem Salzwasser die Tortellini etwa 5 Minuten kochen, bis sie an der Oberfläche schwimmen. Gut abtropfen lassen und in eine große Servierschüssel geben. Die Soße dazugeben und vorsichtig umrühren. Sofort servieren.

## 48. Gemüse-Lo Mein mit Tofu

**Ergibt 4 Portionen**

- 12 Unzen Linguine
- 1 Esslöffel geröstetes Sesamöl
- 3 Esslöffel Sojasauce
- 2 Esslöffel trockener Sherry
- 1 Esslöffel Wasser
- eine Prise Zucker
- 1 Esslöffel Maisstärke
- 2 Esslöffel Raps- oder Traubenkernöl
- 1 Pfund extrafester Tofu, abgetropft und gewürfelt
- 1 mittelgroße Zwiebel, halbiert und in dünne Scheiben geschnitten
- 3 Tassen kleine Brokkoliröschen
- $1/4$ Zoll große Scheiben geschnitten
- 1 Tasse geschnittene frische Shiitake- oder weiße Pilze
- 2 Knoblauchzehen, gehackt
- 2 Teelöffel geriebener frischer Ingwer
- 2 Frühlingszwiebeln, gehackt

In einem großen Topf mit kochendem Salzwasser die Linguine unter gelegentlichem Rühren etwa 10 Minuten kochen, bis sie weich sind. Gut abtropfen lassen und in eine Schüssel geben. 1 Teelöffel Sesamöl hinzufügen und verrühren. Beiseite legen.

In einer kleinen Schüssel Sojasauce, Sherry, Wasser, Zucker und die restlichen 2 Teelöffel Sesamöl vermischen. Geben Sie die Maisstärke hinzu und rühren Sie um, bis sie sich auflöst. Beiseite legen.

In einer großen Pfanne oder einem Wok 1 Esslöffel Raps bei mittlerer bis hoher Hitze erhitzen. Den Tofu hinzufügen und ca. 10 Minuten goldbraun braten. Aus der Pfanne nehmen und beiseite stellen.

Das restliche Rapsöl in derselben Pfanne erneut erhitzen. Fügen Sie die Zwiebel, den Brokkoli und die Karotte hinzu und braten Sie sie etwa 7 Minuten lang an, bis sie gerade weich sind. Pilze, Knoblauch, Ingwer und Frühlingszwiebeln hinzufügen und 2 Minuten lang anbraten. Die Soße und die gekochte Linguine einrühren und gut vermischen. Kochen, bis es durchgeheizt ist. Abschmecken, Gewürze anpassen und bei Bedarf mehr Sojasauce hinzufügen. Sofort servieren.

## 49. Pad Thai

**Ergibt 4 Portionen**

- 12 Unzen getrocknete Reisnudeln
- $1/3$ Tasse Sojasauce
- 2 Esslöffel frischer Limettensaft
- 2 Esslöffel hellbrauner Zucker
- 1 Esslöffel Tamarindenpaste (siehe Kopfnote)
- 1 Esslöffel Tomatenmark
- 3 Esslöffel Wasser
- $1/2$ Teelöffel zerstoßener roter Pfeffer
- 3 Esslöffel Raps- oder Traubenkernöl
- 1 Pfund extrafester Tofu, abgetropft, gepresst (siehe Tofu) und in $1/2$ Zoll große Würfel geschnitten
- 4 Frühlingszwiebeln, gehackt
- 2 Knoblauchzehen, gehackt
- $1/3$ Tasse grob gehackte, trocken geröstete, ungesalzene Erdnüsse
- 1 Tasse Sojasprossen zum Garnieren
- 1 Limette, in Spalten geschnitten, zum Garnieren

Die Nudeln in einer großen Schüssel mit heißem Wasser einweichen, bis sie weich sind, je nach Dicke der Nudeln 5 bis 15 Minuten. Gut abtropfen lassen und unter kaltem Wasser abspülen. Die abgetropften Nudeln in eine große Schüssel geben und beiseite stellen.

In einer kleinen Schüssel Sojasauce, Limettensaft, Zucker, Tamarindenpaste, Tomatenmark, Wasser und zerstoßene rote Paprika vermischen. Gut umrühren und beiseite stellen.

In einer großen Pfanne oder einem Wok 2 Esslöffel Öl bei mittlerer Hitze erhitzen. Den Tofu hinzufügen und etwa 5 Minuten unter Rühren goldbraun braten. Auf einen Teller geben und beiseite stellen.

In derselben Pfanne oder demselben Wok den restlichen 1 Esslöffel Öl bei mittlerer Hitze erhitzen. Die Zwiebel hinzufügen und 1 Minute lang anbraten. Fügen Sie die Frühlingszwiebeln und den Knoblauch hinzu, braten Sie sie 30 Sekunden lang an, fügen Sie dann den gekochten Tofu hinzu und kochen Sie ihn etwa 5 Minuten lang unter gelegentlichem Wenden, bis er goldbraun ist. Die gekochten Nudeln dazugeben und vermischen und erhitzen.

Die Soße einrühren und kochen, dabei umrühren, bis sie bedeckt ist, und bei Bedarf ein oder zwei Spritzer zusätzliches Wasser hinzufügen . um ein Festkleben zu verhindern. Wenn die Nudeln heiß und zart sind, häufen Sie sie auf einer Servierplatte und bestreuen Sie sie mit Erdnüssen und Koriander. Mit Sojasprossen und Limettenspalten am Tellerrand garnieren. Heiß servieren.

## 50. Betrunkene Spaghetti mit Tofu

**Ergibt 4 Portionen**

- 12 Unzen Spaghetti
- 3 Esslöffel Sojasauce
- 1 Esslöffel vegetarische Austernsauce (optional)
- 1 Teelöffel hellbrauner Zucker
- 8 Unzen extrafester Tofu, abgetropft und gepresst (siehe Tofu )
- 2 Esslöffel Raps- oder Traubenkernöl
- 1 mittelgroße rote Zwiebel, in dünne Scheiben geschnitten
- 1 mittelgroße rote Paprika, in dünne Scheiben geschnitten
- 1 Tasse Zuckerschoten, geputzt
- 2 Knoblauchzehen, gehackt
- $1/2$ Teelöffel zerstoßener roter Pfeffer
- 1 Tasse frische Thai-Basilikumblätter

In einem Topf mit kochendem Salzwasser die Spaghetti bei mittlerer bis hoher Hitze unter gelegentlichem Rühren etwa 8 Minuten al dente kochen. Gut abtropfen lassen und in eine große Schüssel umfüllen. In einer kleinen Schüssel Sojasauce, Austernsauce (falls verwendet) und Zucker vermischen. Gut vermischen, dann auf die beiseite gestellten Spaghetti gießen und verrühren. Beiseite legen.

Schneiden Sie den Tofu in $1/2$ Zoll große Streifen. In einer großen Pfanne oder einem Wok 1 Esslöffel Öl bei mittlerer bis hoher Hitze erhitzen. Den Tofu hinzufügen und ca. 5 Minuten goldbraun braten. Aus der Pfanne nehmen und beiseite stellen.

Stellen Sie die Pfanne wieder auf den Herd und geben Sie den restlichen 1 Esslöffel Rapsöl hinzu. Fügen Sie die Zwiebel, die Paprika, die Zuckerschoten, den Knoblauch und die zerstoßene rote Paprika hinzu. Unter Rühren ca. 5 Minuten braten, bis das Gemüse gerade zart ist. Die gekochte Spaghetti-Sauce-Mischung, den gekochten Tofu und das Basilikum hinzufügen und etwa 4 Minuten lang heiß braten.

# **TEMP**

## 51. Spaghetti nach Carbonara-Art

**Ergibt 4 Portionen**

- 2 Esslöffel Olivenöl
- 3 mittelgroße Schalotten, gehackt
- 4 Unzen Tempeh-Speck, hausgemacht (siehe Tempeh-Speck ) oder im Laden gekauft, gehackt
- 1 Tasse ungesüßte Sojamilch
- $1/2$ Tasse weicher oder seidiger Tofu, abgetropft
- $1/4$ Tasse Nährhefe
- Salz und frisch gemahlener schwarzer Pfeffer
- 1 Pfund Spaghetti
- 3 Esslöffel gehackte frische Petersilie

In einer großen Pfanne das Öl bei mittlerer Hitze erhitzen. Fügen Sie die Schalotten hinzu und kochen Sie sie etwa 5 Minuten lang, bis sie weich sind. Den Tempeh-Speck dazugeben und unter häufigem Rühren ca. 5 Minuten braten, bis er leicht gebräunt ist. Beiseite legen.

In einem Mixer Sojamilch, Tofu, Nährhefe sowie Salz und Pfeffer nach Geschmack vermischen. Alles glatt rühren. Beiseite legen.

In einem großen Topf mit kochendem Salzwasser die Spaghetti bei mittlerer bis hoher Hitze unter gelegentlichem Rühren etwa 10 Minuten al dente kochen. Gut abtropfen lassen und in eine große Servierschüssel geben. Fügen Sie die Tofu-Mischung, $1/4$ Tasse Parmesan und alles bis auf 2 Esslöffel der Tempeh-Speck-Mischung hinzu.

Zum Kombinieren und Abschmecken vorsichtig umrühren, bei Bedarf die Gewürze anpassen und etwas mehr Sojamilch hinzufügen, falls es zu trocken ist. Mit mehreren Pfefferkörnern, dem restlichen Tempeh-Speck, dem restlichen Parmesan und Petersilie belegen. Sofort servieren.

## 51. Tempeh-Gemüse-Pfanne

**Ergibt 4 Portionen**

- 10 Unzen Tempeh
- Salz und frisch gemahlener schwarzer Pfeffer
- 2 Teelöffel Maisstärke
- 4 Tassen kleine Brokkoliröschen
- 2 Esslöffel Raps- oder Traubenkernöl
- 2 Esslöffel Sojasauce
- 2 Esslöffel Wasser
- 1 Esslöffel Mirin
- $1/2$ Teelöffel zerstoßener roter Pfeffer
- 2 Teelöffel geröstetes Sesamöl
- 1 mittelgroße rote Paprika, in $1/2$ Zoll große Scheiben geschnitten
- 6 Unzen weiße Champignons, leicht abgespült, trocken getupft und in $1/2$ Zoll große Scheiben geschnitten
- 2 Knoblauchzehen, gehackt
- 3 Esslöffel gehackte Frühlingszwiebeln
- 1 Teelöffel geriebener frischer Ingwer

In einem mittelgroßen Topf mit siedendem Wasser das Tempeh 30 Minuten kochen. Abtropfen lassen, trocken tupfen und zum Abkühlen beiseite stellen. Schneiden Sie das Tempeh in $1/2$ Zoll große Würfel und geben Sie es in eine flache Schüssel. Mit Salz und schwarzem Pfeffer abschmecken, mit Maisstärke bestreuen und vermengen. Beiseite legen.

Den Brokkoli etwa 5 Minuten leicht dämpfen, bis er fast weich ist. Unter kaltem Wasser laufen lassen, um den Kochvorgang zu stoppen und die hellgrüne Farbe beizubehalten. Beiseite legen.

In einer großen Pfanne oder einem Wok 1 Esslöffel Rapsöl bei mittlerer bis hoher Hitze erhitzen. Den Tempeh dazugeben und etwa 5 Minuten unter Rühren goldbraun braten. Aus der Pfanne nehmen und beiseite stellen.

In einer kleinen Schüssel Sojasauce, Wasser, Mirin, zerstoßene rote Paprika und Sesamöl vermischen. Beiseite legen.

Dieselbe Pfanne bei mittlerer bis hoher Hitze erneut erhitzen. Den restlichen 1 Esslöffel Rapsöl hinzufügen. Paprika und Pilze dazugeben und etwa 3 Minuten unter Rühren braten, bis sie weich sind. Knoblauch, Frühlingszwiebeln und Ingwer hinzufügen und 1 Minute lang anbraten. Den gedünsteten Brokkoli und das gebratene Tempeh dazugeben und 1 Minute lang anbraten. Die Sojasaucenmischung einrühren und unter Rühren braten, bis das Tempeh und das Gemüse heiß und gut mit der Sauce bedeckt sind. Sofort servieren.

## 52. Teriyaki Tempeh

**Ergibt 4 Portionen**

- ¹/₄ Zoll große Scheiben geschnitten
- ¹/₄ Tasse frischer Zitronensaft
- 1 Teelöffel gehackter Knoblauch
- 2 Esslöffel gehackte Frühlingszwiebeln
- 2 Teelöffel geriebener frischer Ingwer
- 1 Esslöffel Zucker
- 2 Esslöffel geröstetes Sesamöl
- 1 Esslöffel Maisstärke
- 2 Esslöffel Wasser
- 2 Esslöffel Raps- oder Traubenkernöl

In einem mittelgroßen Topf mit siedendem Wasser das Tempeh 30 Minuten kochen. Abtropfen lassen und in eine große, flache Schüssel geben. In einer kleinen Schüssel Sojasauce, Zitronensaft, Knoblauch, Frühlingszwiebeln, Ingwer, Zucker, Sesamöl, Maisstärke und Wasser vermischen. Gut vermischen, dann die Marinade über das gekochte Tempeh gießen und wenden, bis es bedeckt ist. Den Tempeh 1 Stunde lang marinieren.

In einer großen Pfanne das Rapsöl bei mittlerer Hitze erhitzen. Nehmen Sie das Tempeh aus der Marinade und bewahren Sie die Marinade auf. Den Tempeh in die heiße Pfanne geben und auf beiden Seiten etwa 4 Minuten pro Seite goldbraun braten. Die beiseite gestellte Marinade dazugeben und ca. 8 Minuten köcheln lassen, bis die Flüssigkeit eindickt. Sofort servieren.

## 53. Gegrilltes Tempeh

**Ergibt 4 Portionen**

- 1 Pfund Tempeh, in 2-Zoll-Riegel geschnitten
- 2 Esslöffel Olivenöl
- 1 mittelgroße Zwiebel, gehackt
- 1 mittelgroße rote Paprika, gehackt
- 2 Knoblauchzehen, gehackt
- (14,5 Unzen) Dose zerkleinerte Tomaten
- 2 Esslöffel dunkle Melasse
- 2 Esslöffel Apfelessig
- Esslöffel Sojasauce
- 2 Teelöffel würziger brauner Senf
- 1 Esslöffel Zucker
- $1/2$ Teelöffel Salz
- $1/4$ Teelöffel gemahlener Piment
- $1/4$ Teelöffel gemahlener Cayennepfeffer

In einem mittelgroßen Topf mit siedendem Wasser das Tempeh 30 Minuten kochen. Abtropfen lassen und beiseite stellen.

In einem großen Topf 1 Esslöffel Öl bei mittlerer Hitze erhitzen. Zwiebel, Paprika und Knoblauch hinzufügen. Abdecken und ca. 5 Minuten kochen lassen, bis es weich ist. Tomaten, Melasse, Essig, Sojasauce, Senf, Zucker, Salz, Piment und Cayennepfeffer einrühren und zum Kochen bringen. Hitze auf niedrige Stufe reduzieren und ohne Deckel 20 Minuten köcheln lassen.

In einer großen Pfanne den restlichen 1 Esslöffel Öl bei mittlerer Hitze erhitzen. Fügen Sie das Tempeh hinzu und kochen Sie es etwa 10 Minuten lang, bis es goldbraun ist, und wenden Sie es dabei einmal. Fügen Sie so viel Soße hinzu, dass das Tempeh großzügig bedeckt ist. Abdecken und etwa 15 Minuten köcheln lassen, um die Aromen zu vermischen. Sofort servieren.

## 54. Orange-Bourbon-Tempeh

**Ergibt 4 bis 6 Portionen**

- 2 Tassen Wasser
- $^1/_2$ Tasse Sojasauce
- dünne Scheiben frischen Ingwer
- 2 Knoblauchzehen, in Scheiben geschnitten
- 1 Pfund Tempeh, in dünne Scheiben schneiden
- Salz und frisch gemahlener schwarzer Pfeffer
- $^1/_4$ Tasse Raps- oder Traubenkernöl
- 1 Esslöffel hellbrauner Zucker
- $^1/_8$ Teelöffel gemahlener Piment
- $^1/_3$ Tasse frischer Orangensaft
- $^1/_4$ Tasse Bourbon oder 5 Orangenscheiben, halbiert
- 1 Esslöffel Maisstärke mit 2 Esslöffel Wasser vermischt

In einem großen Topf Wasser, Sojasauce, Ingwer, Knoblauch und Orangenschale vermischen. Den Tempeh in die Marinade geben und zum Kochen bringen. Hitze auf niedrige Stufe reduzieren und 30 Minuten köcheln lassen. Nehmen Sie das Tempeh aus der Marinade und bewahren Sie die Marinade auf. Den Tempeh mit Salz und Pfeffer abschmecken. Geben Sie das Mehl in eine flache Schüssel. Den gekochten Tempeh im Mehl wenden und beiseite stellen.

In einer großen Pfanne das Öl bei mittlerer Hitze erhitzen. Fügen Sie das Tempeh hinzu, bei Bedarf portionsweise, und kochen Sie es etwa 4 Minuten pro Seite, bis es auf beiden Seiten gebräunt ist. Nach und nach die beiseite gestellte Marinade unterrühren. Zucker, Piment, Orangensaft und Bourbon hinzufügen. Den Tempeh mit den Orangenscheiben belegen. Abdecken und etwa 20 Minuten köcheln lassen, bis die Soße sirupartig ist und sich die Aromen vermischen.

Nehmen Sie das Tempeh mit einem Schaumlöffel oder Spatel aus der Pfanne und geben Sie es auf eine Servierplatte. Warm halten. Die Maisstärkemischung zur Soße geben und unter Rühren einkochen, bis sie eindickt. Reduzieren Sie die Hitze auf eine niedrige Stufe und köcheln Sie ohne Deckel unter ständigem Rühren, bis die Sauce eingedickt ist. Die Sauce über das Tempeh geben und sofort servieren.

## 55. Tempeh und Süßkartoffeln

**Ergibt 4 Portionen**

- 1 Pfund Tempeh
- 2 Esslöffel Sojasauce
- 1 Teelöffel gemahlener Koriander
- $1/2$ Teelöffel Kurkuma
- 2 Esslöffel Olivenöl
- 3 große Schalotten, gehackt
- 1 oder 2 mittelgroße Süßkartoffeln, geschält und in $1/2$ Zoll große Würfel geschnitten
- 2 Teelöffel geriebener frischer Ingwer
- 1 Tasse Ananassaft
- 2 Teelöffel hellbrauner Zucker
- Saft von 1 Limette

In einem mittelgroßen Topf mit siedendem Wasser das Tempeh 30 Minuten kochen. Übertragen Sie es in eine flache Schüssel. Fügen Sie 2 Esslöffel Sojasauce, Koriander und Kurkuma hinzu und verrühren Sie alles. Beiseite legen.

In einer großen Pfanne 1 Esslöffel Öl bei mittlerer Hitze erhitzen. Fügen Sie das Tempeh hinzu und kochen Sie es etwa 4 Minuten pro Seite, bis es auf beiden Seiten gebräunt ist. Aus der Pfanne nehmen und beiseite stellen.

In derselben Pfanne die restlichen 2 Esslöffel Öl bei mittlerer Hitze erhitzen. Schalotten und Süßkartoffeln hinzufügen. Abdecken und ca. 10 Minuten kochen lassen, bis es leicht weich und leicht gebräunt ist. Ingwer, Ananassaft, den restlichen 1 Esslöffel Sojasauce und Zucker unterrühren. Reduzieren Sie die Hitze auf eine niedrige Stufe, fügen Sie das gekochte Tempeh hinzu, decken Sie es ab und kochen Sie es etwa 10 Minuten lang, bis die Kartoffeln weich sind. Tempeh und Süßkartoffeln in eine Servierschüssel geben und warm halten. Den Limettensaft in die Sauce einrühren und 1 Minute köcheln lassen, um die Aromen zu vermischen. Die Soße über das Tempeh träufeln und sofort servieren.

## 56. Kreolisches Tempeh

**Ergibt 4 bis 6 Portionen**

- $1/4$ Zoll große Scheiben geschnitten
- $1/4$ Tasse Sojasauce
- 2 Esslöffel kreolisches Gewürz
- $1/2$ Tasse Allzweckmehl
- 2 Esslöffel Olivenöl
- 1 mittelsüße gelbe Zwiebel, gehackt
- 2 Selleriestangen, gehackt
- 1 mittelgroße grüne Paprika, gehackt
- 3 Knoblauchzehen, gehackt
- 1 (14,5 Unzen) Dose gewürfelte Tomaten, abgetropft
- 1 Teelöffel getrockneter Thymian
- $1/2$ Tasse trockener Weißwein
- Salz und frisch gemahlener schwarzer Pfeffer

Geben Sie das Tempeh in einen großen Topf und füllen Sie es mit so viel Wasser, dass es bedeckt ist. Fügen Sie die Sojasauce und 1 Esslöffel der kreolischen Gewürze hinzu. Abdecken und 30 Minuten köcheln lassen. Den Tempeh aus der Flüssigkeit nehmen und beiseite stellen, dabei die Flüssigkeit auffangen.

In einer flachen Schüssel das Mehl mit den restlichen 2 Esslöffeln kreolischen Gewürzen vermischen und gut vermischen. Den Tempeh in die Mehlmischung eintauchen und gut damit bestreichen. In einer großen Pfanne 1 Esslöffel Öl bei mittlerer Hitze erhitzen. Fügen Sie das ausgebaggerte Tempeh hinzu und kochen Sie es etwa 4 Minuten pro Seite, bis es auf beiden Seiten gebräunt ist. Den Tempeh aus der Pfanne nehmen und beiseite stellen.

In derselben Pfanne den restlichen 1 Esslöffel Öl bei mittlerer Hitze erhitzen. Zwiebel, Sellerie, Paprika und Knoblauch hinzufügen. Abdecken und kochen, bis das Gemüse weich ist, etwa 10 Minuten. Rühren Sie die Tomaten unter und geben Sie dann das Tempeh zusammen mit dem Thymian, dem Wein und 1 Tasse der zurückbehaltenen köchelnden Flüssigkeit zurück in die Pfanne. Mit Salz und Pfeffer abschmecken. Zum Kochen bringen und ohne Deckel etwa 30 Minuten kochen lassen, um die Flüssigkeit zu reduzieren und die Aromen zu vermischen. Sofort servieren.

## 57. Tempeh mit Zitrone und Kapern

**Ergibt 4 bis 6 Portionen**

- 1 Pfund Tempeh, horizontal in $1/4$ Zoll große Scheiben schneiden
- $1/2$ Tasse Sojasauce
- $1/2$ Tasse Allzweckmehl
- Salz und frisch gemahlener schwarzer Pfeffer
- 2 Esslöffel Olivenöl
- 2 mittelgroße Schalotten, gehackt
- 2 Knoblauchzehen, gehackt
- 2 Esslöffel Kapern
- $1/2$ Tasse trockener Weißwein
- $1/2$ Tasse Gemüsebrühe, selbstgemacht (siehe Leichte Gemüsebrühe) oder im Laden gekauft
- 2 Esslöffel vegane Margarine
- Saft von 1 Zitrone
- 2 Esslöffel gehackte frische Petersilie

Geben Sie das Tempeh in einen großen Topf und füllen Sie es mit so viel Wasser, dass es bedeckt ist. Die Sojasauce hinzufügen und 30 Minuten köcheln lassen. Den Tempeh aus dem Topf nehmen und zum Abkühlen beiseite stellen. In einer flachen Schüssel das Mehl sowie Salz und Pfeffer nach Geschmack vermischen. Den Tempeh in die Mehlmischung eintauchen und beide Seiten damit bestreichen. Beiseite legen.

In einer großen Pfanne 2 Esslöffel Öl bei mittlerer Hitze erhitzen. Fügen Sie das Tempeh hinzu, bei Bedarf portionsweise, und kochen Sie es insgesamt etwa 8 Minuten lang, bis es auf beiden Seiten gebräunt ist. Den Tempeh aus der Pfanne nehmen und beiseite stellen.

In derselben Pfanne den restlichen 1 Esslöffel Öl bei mittlerer Hitze erhitzen. Die Schalotten dazugeben und etwa 2 Minuten kochen lassen. Den Knoblauch hinzufügen, dann Kapern, Wein und Brühe hinzufügen. Den Tempeh wieder in die Pfanne geben und 6 bis 8 Minuten köcheln lassen. Margarine, Zitronensaft und Petersilie einrühren und umrühren, bis die Margarine schmilzt. Sofort servieren.

## 58. Tempeh mit Ahorn- und Balsamico-Glasur

**Ergibt 4 Portionen**

- 1 Pfund Tempeh, in 2-Zoll-Riegel geschnitten
- 2 Esslöffel Balsamico-Essig
- 2 Esslöffel reiner Ahornsirup
- 1 $^1/_2$ Esslöffel würziger brauner Senf
- 1 Teelöffel Tabasco-Sauce
- 1 Esslöffel Olivenöl
- 2 Knoblauchzehen, gehackt
- $^1/_2$ Tasse Gemüsebrühe, selbstgemacht (siehe Leichte Gemüsebrühe ) oder im Laden gekauft, Salz und frisch gemahlener schwarzer Pfeffer

In einem mittelgroßen Topf mit siedendem Wasser das Tempeh 30 Minuten kochen. Abtropfen lassen und trocken tupfen.

In einer kleinen Schüssel Essig, Ahornsirup, Senf und Tabasco vermischen. Beiseite legen.

In einer großen Pfanne das Öl bei mittlerer Hitze erhitzen. Den Tempeh dazugeben und auf beiden Seiten bräunen lassen, dabei einmal wenden, etwa 4 Minuten pro Seite. Den Knoblauch hinzufügen und 30 Sekunden länger kochen.

Brühe einrühren und mit Salz und Pfeffer abschmecken. Erhöhen Sie die Hitze auf mittelhoch und kochen Sie es ohne Deckel etwa 3 Minuten lang oder bis die Flüssigkeit fast verdampft ist.

Die zurückbehaltene Senfmischung hinzufügen und 1 bis 2 Minuten kochen lassen, dabei den Tempeh wenden, damit er mit der Sauce bedeckt ist und schön glasiert wird. Achten Sie darauf, dass Sie nicht verbrennen. Sofort servieren.

## 59. Verlockendes Tempeh-Chili

**Ergibt 4 bis 6 Portionen**

- 1 Pfund Tempeh
- 1 Esslöffel Olivenöl
- 1 mittelgroße gelbe Zwiebel, gehackt
- 1 mittelgroße grüne Paprika, gehackt
- 2 Knoblauchzehen, gehackt
- Esslöffel Chilipulver
- 1 Teelöffel getrockneter Oregano
- 1 Teelöffel gemahlener Kreuzkümmel
- (28 Unzen) Dose zerdrückte Tomaten
- $1/2$ Tasse Wasser, bei Bedarf auch mehr
- 1 $1/2$ Tassen gekocht oder 1 (15,5 Unzen) Dose Pintobohnen, abgetropft und abgespült
- 1 (4 Unzen) Dose gehackte milde grüne Chilis, abgetropft
- Salz und frisch gemahlener schwarzer Pfeffer
- 2 Esslöffel gehackter frischer Koriander

In einem mittelgroßen Topf mit siedendem Wasser das Tempeh 30 Minuten kochen. Abgießen und abkühlen lassen, dann fein hacken und beiseite stellen.

In einem großen Topf das Öl erhitzen. Zwiebel, Paprika und Knoblauch hinzufügen, abdecken und ca. 5 Minuten kochen, bis sie weich sind. Fügen Sie das Tempeh hinzu und kochen Sie es ohne Deckel etwa 5 Minuten lang goldbraun. Chilipulver, Oregano und Kreuzkümmel hinzufügen. Tomaten, Wasser, Bohnen und Chilis unterrühren. Mit Salz und schwarzem Pfeffer abschmecken. Zum Kombinieren gut vermischen.

Zum Kochen bringen, dann die Hitze reduzieren, abdecken und 45 Minuten köcheln lassen, dabei gelegentlich umrühren und bei Bedarf noch etwas Wasser hinzufügen.

Mit Koriander bestreuen und sofort servieren.

## 60. Tempeh Cacciatore

**Ergibt 4 bis 6 Portionen**

- 1 Pfund Tempeh, in dünne Scheiben geschnitten
- 2 Esslöffel Raps- oder Traubenkernöl
- $1/2$ Zoll große Würfel geschnitten
- mittelrote Paprika, in $1/2$ Zoll große Würfel geschnitten
- mittelgroße Karotte, in $1/4$ Zoll große Scheiben schneiden
- 2 Knoblauchzehen, gehackt
- 1 (28 Unzen) Dose gewürfelte Tomaten, abgetropft
- $1/4$ Tasse trockener Weißwein
- 1 Teelöffel getrockneter Oregano
- 1 Teelöffel getrocknetes Basilikum
- Salz und frisch gemahlener schwarzer Pfeffer

In einem mittelgroßen Topf mit siedendem Wasser das Tempeh 30 Minuten kochen. Abtropfen lassen und trocken tupfen.

In einer großen Pfanne 1 Esslöffel Öl bei mittlerer Hitze erhitzen. Fügen Sie das Tempeh hinzu und kochen Sie es insgesamt 8 bis 10 Minuten lang, bis es auf beiden Seiten gebräunt ist. Aus der Pfanne nehmen und beiseite stellen.

In derselben Pfanne den restlichen 1 Esslöffel Öl bei mittlerer Hitze erhitzen. Zwiebel, Paprika, Karotte und Knoblauch hinzufügen. Abdecken und ca. 5 Minuten kochen lassen, bis es weich ist. Tomaten, Wein, Oregano, Basilikum sowie Salz und schwarzen Pfeffer nach Geschmack hinzufügen und zum Kochen bringen. Reduzieren Sie die Hitze auf eine niedrige Stufe, fügen Sie das beiseite gestellte Tempeh hinzu und lassen Sie es ohne Deckel etwa 30 Minuten lang köcheln, bis das Gemüse weich ist und die Aromen gut vermischt sind. Sofort servieren.

## 61. Indonesischer Tempeh in Kokossoße

**Ergibt 4 bis 6 Portionen**

- $1/4$ Zoll große Scheiben geschnitten
- 2 Esslöffel Raps- oder Traubenkernöl
- 1 mittelgroße gelbe Zwiebel, gehackt
- 3 Knoblauchzehen, gehackt
- 1 mittelgroße rote Paprika, gehackt
- 1 mittelgroße grüne Paprika, gehackt
- 1 oder 2 kleine Serrano-Chilis oder andere frische scharfe Chilis, entkernt und gehackt
- 1 (14,5 Unzen) Dose gewürfelte Tomaten, abgetropft
- 1 (13,5 Unzen) Dose ungesüßte Kokosmilch
- Salz und frisch gemahlener schwarzer Pfeffer
- $1/2$ Tasse ungesalzene geröstete Erdnüsse, gemahlen oder zerstoßen, zum Garnieren
- 2 Esslöffel gehackter frischer Koriander zum Garnieren

In einem mittelgroßen Topf mit siedendem Wasser das Tempeh 30 Minuten kochen. Abtropfen lassen und trocken tupfen.

In einer großen Pfanne 1 Esslöffel Öl bei mittlerer Hitze erhitzen. Den Tempeh dazugeben und auf beiden Seiten etwa 10 Minuten goldbraun braten. Aus der Pfanne nehmen und beiseite stellen.

In derselben Pfanne den restlichen 1 Esslöffel Öl bei mittlerer Hitze erhitzen. Zwiebel, Knoblauch, rote und grüne Paprika und Chilis hinzufügen. Abdecken und ca. 5 Minuten kochen lassen, bis es weich ist. Tomaten und Kokosmilch unterrühren. Reduzieren Sie die Hitze auf eine niedrige Stufe, fügen Sie das beiseite gestellte Tempeh hinzu, würzen Sie es mit Salz und Pfeffer und lassen Sie es ohne Deckel etwa 30 Minuten lang köcheln, bis die Sauce leicht reduziert ist. Mit Erdnüssen und Koriander bestreuen und sofort servieren.

## 62. Ingwer-Erdnuss-Tempeh

**Ergibt 4 Portionen**

- ¹/₂ Zoll große Würfel geschnitten
- 2 Esslöffel Raps- oder Traubenkernöl
- mittelrote Paprika, in ¹/₂ Zoll große Würfel geschnitten
- 3 Knoblauchzehen, gehackt
- kleiner Bund Frühlingszwiebeln, gehackt
- 2 Esslöffel geriebener frischer Ingwer
- 2 Esslöffel Sojasauce
- 1 Esslöffel Zucker
- ¹/₄ Teelöffel zerstoßener roter Pfeffer
- 1 Esslöffel Maisstärke
- 1 Tasse Wasser
- 1 Tasse zerkleinerte, ungesalzene, geröstete Erdnüsse
- 2 Esslöffel gehackter frischer Koriander

In einem mittelgroßen Topf mit siedendem Wasser das Tempeh 30 Minuten kochen. Abtropfen lassen und trocken tupfen. Erhitzen Sie das Öl in einer großen Pfanne oder einem Wok bei mittlerer Hitze. Fügen Sie das Tempeh hinzu und kochen Sie es etwa 8 Minuten lang, bis es leicht gebräunt ist. Fügen Sie die Paprika hinzu und braten Sie sie etwa 5 Minuten lang an, bis sie weich ist. Knoblauch, Frühlingszwiebeln und Ingwer hinzufügen und 1 Minute lang anbraten, bis es duftet.

In einer kleinen Schüssel Sojasauce, Zucker, zerstoßene rote Paprika, Maisstärke und Wasser vermischen. Gut vermischen und dann in die Pfanne gießen. Unter Rühren 5 Minuten kochen, bis es leicht eingedickt ist. Erdnüsse und Koriander unterrühren. Sofort servieren.

## 63. Tempeh mit Kartoffeln und Kohl

**Ergibt 4 Portionen**

- ½ Zoll große Würfel geschnitten
- 2 Esslöffel Raps- oder Traubenkernöl
- 1 mittelgroße gelbe Zwiebel, gehackt
- 1 mittelgroße Karotte, gehackt
- 1 ½ Esslöffel süßes ungarisches Paprikapulver
- ½ Zoll große Würfel geschnitten
- 3 Tassen geriebener Kohl
- 1 (14,5 Unzen) Dose gewürfelte Tomaten, abgetropft
- ¼ Tasse trockener Weißwein
- 1 Tasse Gemüsebrühe, selbstgemacht (siehe Leichte Gemüsebrühe ) oder im Laden gekauft, Salz und frisch gemahlener schwarzer Pfeffer
- ½ Tasse vegane Sauerrahm, hausgemacht (siehe Tofu-Sauerrahm ) oder im Laden gekauft (optional)

In einem mittelgroßen Topf mit siedendem Wasser das Tempeh 30 Minuten kochen. Abtropfen lassen und trocken tupfen.

In einer großen Pfanne 1 Esslöffel Öl bei mittlerer Hitze erhitzen. Den Tempeh dazugeben und auf beiden Seiten etwa 10 Minuten goldbraun braten. Tempeh herausnehmen und beiseite stellen.

In derselben Pfanne den restlichen 1 Esslöffel Öl bei mittlerer Hitze erhitzen. Fügen Sie die Zwiebel und die Karotte hinzu, decken Sie sie ab und kochen Sie sie etwa 10 Minuten lang, bis sie weich sind. Paprika, Kartoffeln, Kohl, Tomaten, Wein und Brühe einrühren und zum Kochen bringen. Mit Salz und Pfeffer abschmecken

Reduzieren Sie die Hitze auf mittlere Stufe, fügen Sie das Tempeh hinzu und lassen Sie es ohne Deckel 30 Minuten lang köcheln, bis das Gemüse zart ist und die Aromen vermischt sind. Eventuell saure Sahne unterrühren und sofort servieren.

## 64. Südlicher Succotash-Eintopf

**Ergibt 4 Portionen**

- 10 Unzen Tempeh
- 2 Esslöffel Olivenöl
- 1 große süße gelbe Zwiebel, fein gehackt
- $1/2$ Zoll große Würfel geschnitten
- 1 (14,5 Unzen) Dose gewürfelte Tomaten, abgetropft
- 1 (16-Unzen) Packung gefrorener Succotash
- 2 Tassen Gemüsebrühe, selbstgemacht (siehe Leichte Gemüsebrühe ) oder im Laden gekauft, oder Wasser
- 2 Esslöffel Sojasauce
- 1 Teelöffel trockener Senf
- 1 Teelöffel Zucker
- $1/2$ Teelöffel getrockneter Thymian
- $1/2$ Teelöffel gemahlener Piment
- $1/4$ Teelöffel gemahlener Cayennepfeffer
- Salz und frisch gemahlener schwarzer Pfeffer

In einem mittelgroßen Topf mit siedendem Wasser das Tempeh 30 Minuten kochen. Abtropfen lassen, trocken tupfen und in 2,5 cm große Würfel schneiden.

In einer großen Pfanne 1 Esslöffel Öl bei mittlerer Hitze erhitzen. Fügen Sie das Tempeh hinzu und kochen Sie es etwa 10 Minuten lang, bis es auf beiden Seiten gebräunt ist. Beiseite legen.

In einem großen Topf den restlichen 1 Esslöffel Öl bei mittlerer Hitze erhitzen. Fügen Sie die Zwiebel hinzu und kochen Sie sie 5 Minuten lang, bis sie weich ist. Kartoffeln, Karotten, Tomaten, Succotash, Brühe, Sojasauce, Senf, Zucker, Thymian, Piment und Cayennepfeffer hinzufügen. Mit Salz und Pfeffer abschmecken. Zum Kochen bringen, dann die Hitze reduzieren und das Tempeh hinzufügen. Zugedeckt etwa 45 Minuten köcheln lassen, bis das Gemüse weich ist, dabei gelegentlich umrühren.

Etwa 10 Minuten bevor der Eintopf fertig gar ist, den Flüssigrauch einrühren. Abschmecken und bei Bedarf nachwürzen

Sofort servieren.

## 65. Gebackener Jambalaya-Auflauf

**Ergibt 4 Portionen**

- 10 Unzen Tempeh
- 2 Esslöffel Olivenöl
- 1 mittelgroße gelbe Zwiebel, gehackt
- 1 mittelgroße grüne Paprika, gehackt
- 2 Knoblauchzehen, gehackt
- 1 (28 Unzen) Dose gewürfelte Tomaten, nicht abgetropft
- $1/2$ Tasse weißer Reis
- $1\,1/2$ Tassen Gemüsebrühe, selbstgemacht (siehe Leichte Gemüsebrühe ) oder im Laden gekauft, oder Wasser
- $1\,1/2$ Tassen gekocht oder 1 (15,5 Unzen) Dose dunkelrote Kidneybohnen, abgetropft und abgespült
- 1 Esslöffel gehackte frische Petersilie
- $1\,1/2$ Teelöffel Cajun-Gewürz
- 1 Teelöffel getrockneter Thymian
- $1/2$ Teelöffel Salz
- $1/4$ Teelöffel frisch gemahlener schwarzer Pfeffer

In einem mittelgroßen Topf mit siedendem Wasser das Tempeh 30 Minuten kochen. Abtropfen lassen und trocken tupfen. In $1/2$ Zoll große Würfel schneiden. Heizen Sie den Ofen auf 350 °F vor.

In einer großen Pfanne 1 Esslöffel Öl bei mittlerer Hitze erhitzen. Fügen Sie das Tempeh hinzu und kochen Sie es etwa 8 Minuten lang, bis es auf beiden Seiten gebräunt ist. Übertragen Sie das Tempeh in eine 9 x 13 Zoll große Auflaufform und stellen Sie es beiseite.

In derselben Pfanne den restlichen 1 Esslöffel Öl bei mittlerer Hitze erhitzen. Zwiebel, Paprika und Knoblauch hinzufügen. Abdecken und kochen, bis das Gemüse weich ist, etwa 7 Minuten.

Die Gemüsemischung mit dem Tempeh in die Auflaufform geben. Tomaten mit ihrer Flüssigkeit, Reis, Brühe, Kidneybohnen, Petersilie, Cajun-Gewürz, Thymian, Salz und schwarzem Pfeffer einrühren. Gut vermischen, dann gut abdecken und ca. 1 Stunde backen, bis der Reis weich ist. Sofort servieren.

## 66. Tempeh und Süßkartoffelkuchen

**Ergibt 4 Portionen**

- 8 Unzen Tempeh
- 3 mittelgroße Süßkartoffeln, geschält und in $1/2$ Zoll große Würfel geschnitten
- 2 Esslöffel vegane Margarine
- $1/4$ Tasse ungesüßte Sojamilch
- Salz und frisch gemahlener schwarzer Pfeffer
- 2 Esslöffel Olivenöl
- 1 mittelgelbe Zwiebel, fein gehackt
- 2 mittelgroße Karotten, gehackt
- 1 Tasse gefrorene Erbsen, aufgetaut
- 1 Tasse gefrorene Maiskörner, aufgetaut
- $1\ 1/2$ Tassen Pilzsauce
- $1/2$ Teelöffel getrockneter Thymian

In einem mittelgroßen Topf mit siedendem Wasser das Tempeh 30 Minuten kochen. Abtropfen lassen und trocken tupfen. Den Tempeh fein hacken und beiseite stellen.

Die Süßkartoffeln etwa 20 Minuten lang dämpfen, bis sie weich sind. Heizen Sie den Ofen auf 350 °F vor. Die Süßkartoffeln mit Margarine, Sojamilch und Salz und Pfeffer nach Geschmack zerstampfen. Beiseite legen.

In einer großen Pfanne 1 Esslöffel Öl bei mittlerer Hitze erhitzen. Zwiebeln und Karotten dazugeben, abdecken und etwa 10 Minuten weich kochen. In eine 10-Zoll-Backform geben.

In derselben Pfanne den restlichen 1 Esslöffel Öl bei mittlerer Hitze erhitzen. Fügen Sie das Tempeh hinzu und kochen Sie es 8 bis 10 Minuten lang, bis es auf beiden Seiten gebräunt ist. Den Tempeh mit den Zwiebeln und den Karotten in die Backform geben. Erbsen, Mais und Pilzsauce unterrühren. Den Thymian sowie Salz und Pfeffer nach Geschmack hinzufügen. Zum Kombinieren umrühren.

Das Süßkartoffelpüree darauf verteilen und mit einem Spatel gleichmäßig bis zum Rand der Pfanne verteilen. Etwa 40 Minuten backen, bis die Kartoffeln leicht gebräunt und die Füllung heiß ist. Sofort servieren.

## 67. Mit Auberginen und Tempeh gefüllte Nudeln

**Ergibt 4 Portionen**

- 8 Unzen Tempeh
- 1 mittelgroße Aubergine
- 12 große Nudelschalen
- 1 Knoblauchzehe, zerdrückt
- $1/4$ Teelöffel gemahlener Cayennepfeffer
- Salz und frisch gemahlener schwarzer Pfeffer
- Ungewürzte Semmelbrösel trocknen
- 3 Tassen Marinara-Sauce, hausgemacht (siehe Marinara-Sauce ) oder im Laden gekauft

In einem mittelgroßen Topf mit siedendem Wasser das Tempeh 30 Minuten kochen. Abgießen und zum Abkühlen beiseite stellen.

Heizen Sie den Ofen auf 450 °F vor. Stechen Sie die Aubergine mit einer Gabel ein und backen Sie sie auf einem leicht geölten Backblech etwa 45 Minuten lang, bis sie weich ist.

Während die Aubergine backt, kochen Sie die Nudelschalen in einem Topf mit kochendem Salzwasser unter gelegentlichem Rühren etwa 7 Minuten lang, bis sie al dente sind. Abgießen und unter kaltem Wasser laufen lassen. Beiseite legen.

Nehmen Sie die Aubergine aus dem Ofen, halbieren Sie sie der Länge nach und lassen Sie die Flüssigkeit abtropfen. Reduzieren Sie die Ofentemperatur auf 350 °F. Eine 9 x 13 Zoll große Backform leicht einölen. Verarbeiten Sie den Knoblauch in einer Küchenmaschine, bis er fein gemahlen ist. Geben Sie das Tempeh hinzu und zerkleinern Sie es, bis es grob gemahlen ist. Kratzen Sie das Auberginenmark von der Schale und geben Sie es zusammen mit Tempeh und Knoblauch in die Küchenmaschine. Den Cayennepfeffer dazugeben, mit Salz und Pfeffer abschmecken und vermischen. Wenn die Füllung locker ist, etwas Semmelbrösel hinzufügen.

Eine Schicht Tomatensauce auf dem Boden der vorbereiteten Auflaufform verteilen. Füllen Sie die Füllung in die Schalen, bis sie gut verpackt ist.

Ordnen Sie die Schalen auf der Soße an und gießen Sie die restliche Soße über und um die Schalen herum. Mit Folie abdecken und etwa 30 Minuten heiß backen. Aufdecken, mit Parmesan bestreuen und weitere 10 Minuten backen. Sofort servieren.

## 68. Singapur-Nudeln mit Tempeh

**Ergibt 4 Portionen**

- ½ Zoll große Würfel geschnitten
- 8 Unzen Reisnudeln
- 1 Esslöffel geröstetes Sesamöl
- 2 Esslöffel Raps- oder Traubenkernöl
- 4 Esslöffel Sojasauce
- ⅓ Tasse cremige Erdnussbutter
- ½ Tasse ungesüßte Kokosmilch
- ½ Tasse Wasser
- 1 Esslöffel frischer Zitronensaft
- 1 Teelöffel hellbrauner Zucker
- ½ Teelöffel gemahlener Cayennepfeffer
- 1 mittelgroße rote Paprika, gehackt
- 3 Tassen geriebener Kohl
- 3 Knoblauchzehen
- 1 Tasse gehackte Frühlingszwiebeln
- 2 Teelöffel geriebener frischer Ingwer
- 1 Tasse gefrorene Erbsen, aufgetaut
- Salz
- ¼ Tasse gehackte, ungesalzene, geröstete Erdnüsse zum Garnieren
- 2 Esslöffel gehackter frischer Koriander zum Garnieren

In einem mittelgroßen Topf mit siedendem Wasser das Tempeh 30 Minuten kochen. Abtropfen lassen und trocken tupfen. Die Reisnudeln etwa 5 Minuten in einer großen Schüssel mit heißem Wasser einweichen, bis sie weich sind. Gut abtropfen lassen, abspülen und in eine große Schüssel geben. Mit dem Sesamöl vermengen und beiseite stellen.

In einer großen Pfanne 1 Esslöffel Rapsöl bei mittlerer bis hoher Hitze erhitzen. Gekochtes Tempeh dazugeben und anbraten, bis es von allen Seiten gebräunt ist. Für mehr Farbe und Geschmack 1 Esslöffel Sojasauce hinzufügen. Den Tempeh aus der Pfanne nehmen und beiseite stellen.

In einem Mixer oder einer Küchenmaschine Erdnussbutter, Kokosmilch, Wasser, Zitronensaft, Zucker, Cayennepfeffer und die restlichen 3 Esslöffel Sojasauce vermischen. Zu einer glatten Masse verarbeiten und beiseite stellen.

In einer großen Pfanne den restlichen 1 Esslöffel Rapsöl bei mittlerer bis hoher Hitze erhitzen. Paprika, Kohl, Knoblauch, Frühlingszwiebeln und Ingwer hinzufügen und unter gelegentlichem Rühren etwa 10 Minuten lang kochen, bis sie weich sind. Reduzieren Sie die Hitze auf einen niedrigen Wert. Die Erbsen, das gebräunte Tempeh und die weichen Nudeln unterrühren. Die Soße einrühren, mit Salz abschmecken und heiß köcheln lassen.

In eine große Servierschüssel geben, mit gehackten Erdnüssen und Koriander garnieren und servieren.

## 69. Tempeh-Speck

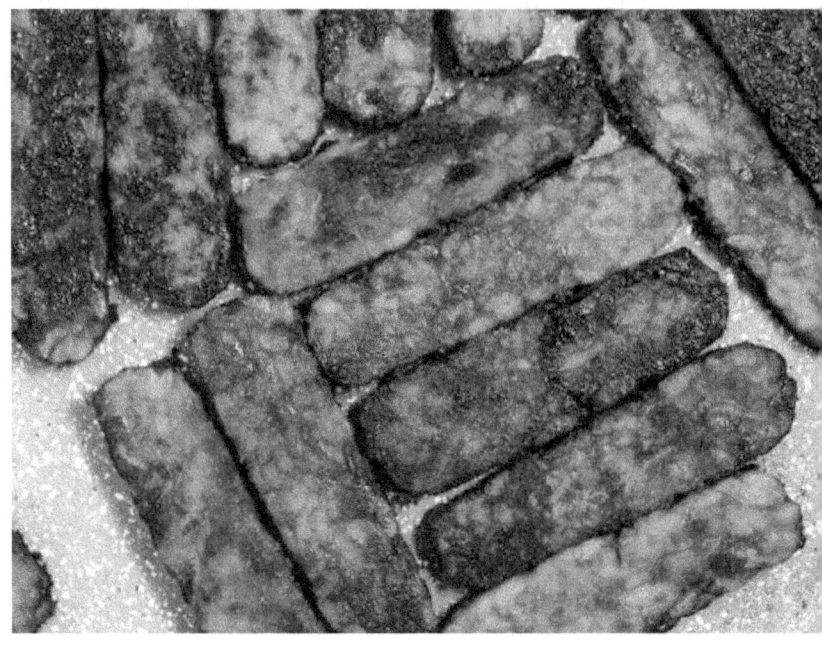

**Ergibt 4 Portionen**

6 Unzen Tempeh
2 Esslöffel Raps- oder Traubenkernöl
2 Esslöffel Sojasauce
$1/2$ Teelöffel Flüssigrauch

In einem mittelgroßen Topf mit siedendem Wasser das Tempeh 30 Minuten kochen. Zum Abkühlen beiseite stellen, dann trocken tupfen und in $1/8$ Zoll große Streifen schneiden.

In einer großen Pfanne das Öl bei mittlerer Hitze erhitzen. Die Tempeh-Scheiben dazugeben und auf beiden Seiten etwa 3 Minuten pro Seite braten, bis sie braun sind. Mit Sojasauce und Flüssigrauch beträufeln und darauf achten, dass nichts verspritzt. Drehen Sie das Tempeh um, um es zu beschichten. Heiß servieren.

## 70. Spaghetti und T-Balls

**Ergibt 4 Portionen**

- 1 Pfund Tempeh
- 2 oder 3 Knoblauchzehen, fein gehackt
- 3 Esslöffel fein gehackte frische Petersilie
- 3 Esslöffel Sojasauce
- 1 Esslöffel Olivenöl, plus mehr zum Kochen
- ¾ Tasse frische Semmelbrösel
- $1/3$ Tasse Weizenglutenmehl (lebenswichtiges Weizengluten)
- 3 Esslöffel Nährhefe
- $1/2$ Teelöffel getrockneter Oregano
- $1/2$ Teelöffel Salz
- $1/4$ Teelöffel frisch gemahlener schwarzer Pfeffer
- 1 Pfund Spaghetti
- 3 Tassen Marinara-Sauce, hausgemacht (siehe links) oder im Laden gekauft

In einem mittelgroßen Topf mit siedendem Wasser das Tempeh 30 Minuten kochen. Gut abtropfen lassen und in Stücke schneiden.

Geben Sie das gekochte Tempeh in eine Küchenmaschine, fügen Sie Knoblauch und Petersilie hinzu und zerkleinern Sie es, bis es grob zerkleinert ist. Fügen Sie Sojasauce, Olivenöl, Semmelbrösel, Glutenmehl, Hefe, Oregano, Salz und schwarzen Pfeffer hinzu und mischen Sie alles, bis etwas Konsistenz übrig bleibt. Kratzen Sie die Tempeh-Mischung in eine Schüssel und kneten Sie die Mischung mit den Händen 1 bis 2 Minuten lang, bis sie gut vermischt ist. Rollen Sie die Mischung mit den Händen zu kleinen Kugeln, die einen Durchmesser von nicht mehr als 3,8 $_{cm}$ haben Wiederholen Sie den Vorgang mit der restlichen Tempeh-Mischung.

In einer leicht geölten großen Pfanne eine dünne Schicht Öl bei mittlerer Hitze erhitzen. Fügen Sie die T-Bällchen hinzu, bei Bedarf in Portionen, und kochen Sie sie, bis sie gebräunt sind. Bewegen Sie sie dabei nach Bedarf 15 bis 20 Minuten lang in der Pfanne, um eine gleichmäßige Bräunung zu erzielen. Alternativ können Sie die T-Bällchen auch auf einem geölten Backblech anordnen und bei 180 °C 25 bis 30 Minuten backen, dabei etwa nach der Hälfte der Zeit einmal wenden.

In einem großen Topf mit kochendem Salzwasser die Spaghetti bei mittlerer bis hoher Hitze unter gelegentlichem Rühren etwa 10 Minuten al dente kochen.

Während die Spaghetti kochen, erhitzen Sie die Marinara-Sauce in einem mittelgroßen Topf bei mittlerer Hitze, bis sie heiß ist.

Wenn die Nudeln gar sind, gut abtropfen lassen und auf vier Teller oder flache Nudelschalen verteilen. Belegen Sie jede Portion mit ein paar T-Balls. Die Sauce über die T-Balls und Spaghetti geben und heiß servieren. Alle restlichen T-Bällchen und Soße in einer Servierschüssel vermischen und servieren.

## 71. Paglia E Fieno mit Erbsen

**Ergibt 4 Portionen**

- $1/3$ Tasse plus 1 Esslöffel Olivenöl
- 2 mittelgroße Schalotten, fein gehackt
- $1/4$ Tasse gehackter Tempeh-Speck, hausgemacht (siehe Tempeh-Speck ) oder im Laden gekauft (optional)
- Salz und frisch gemahlener schwarzer Pfeffer
- 8 Unzen normale oder Vollkorn-Linguine
- 8 Unzen Spinat-Linguine
- Veganer Parmesan oder Parmasio

In einer großen Pfanne 1 Esslöffel Öl bei mittlerer Hitze erhitzen. Fügen Sie die Schalotten hinzu und kochen Sie sie etwa 5 Minuten lang, bis sie weich sind. Falls verwendet, den Tempeh-Speck hinzufügen und braten, bis er schön gebräunt ist. Die Pilze einrühren und ca. 5 Minuten kochen, bis sie weich sind. Mit Salz und Pfeffer abschmecken. Die Erbsen und das restliche $1/3$ Tasse Öl unterrühren . Abdecken und bei sehr schwacher Hitze warm halten.

In einem großen Topf mit kochendem Salzwasser die Linguine bei mittlerer bis hoher Hitze unter gelegentlichem Rühren etwa 10 Minuten al dente kochen. Gut abtropfen lassen und in eine große Servierschüssel geben.

Die Soße dazugeben, mit Salz und Pfeffer abschmecken und mit Parmesan bestreuen. Vorsichtig umrühren und sofort servieren.

## SEIT AUF

## 72. Einfacher, gekochter Seitan

**Ergibt etwa 2 Pfund**

**Seitan**

- 1¾ Tassen Weizenglutenmehl (lebenswichtiges Weizengluten)
- ½ Teelöffel Salz
- ½ Teelöffel Zwiebelpulver
- ¼ Teelöffel süßes Paprikapulver
- 1 Esslöffel Olivenöl
- 2 Esslöffel Sojasauce
- 1 ²/₃ Tassen kaltes Wasser

**Siedende Flüssigkeit:**
- 2 Liter Wasser
- ½ Tasse Sojasauce
- 2 Knoblauchzehen, zerdrückt

Bereiten Sie den Seitan zu: In einer Küchenmaschine Weizenglutenmehl, Nährhefe, Salz, Zwiebelpulver und Paprika vermischen. Zum Mischen pulsieren. Öl, Sojasauce und Wasser hinzufügen und eine Minute lang zu einem Teig verarbeiten. Geben Sie die Mischung auf eine leicht bemehlte Arbeitsfläche und kneten Sie sie etwa 2 Minuten lang, bis sie glatt und elastisch ist.

Bereiten Sie die köchelnde Flüssigkeit zu: In einem großen Topf Wasser, Sojasauce und Knoblauch vermischen.

Den Seitan-Teig in 4 gleich große Stücke teilen und in die kochende Flüssigkeit geben. Bei mittlerer bis hoher Hitze kurz zum Kochen bringen, dann die Hitze auf mittlere bis niedrige Stufe reduzieren, abdecken und unter gelegentlichem Wenden 1 Stunde lang leicht köcheln lassen. Schalten Sie den Herd aus und lassen Sie den Seitan in der Flüssigkeit abkühlen. Nach dem Abkühlen kann der Seitan in Rezepten verwendet oder in der Flüssigkeit in einem dicht verschlossenen Behälter bis zu einer Woche gekühlt oder bis zu 3 Monate eingefroren werden.

## 73. Gefüllter gebackener Seitan Roa st

**Ergibt 6 Portionen**

- 1 Rezept Basic Simmered Seitan, ungekocht
- 1 Esslöffel Olivenöl
- 1 kleine gelbe Zwiebel, gehackt
- 1 Sellerierippe, gehackt
- $1/2$ Teelöffel getrockneter Thymian
- $1/2$ Teelöffel getrockneter Salbei
- $1/2$ Tasse Wasser, bei Bedarf auch mehr
- Salz und frisch gemahlener schwarzer Pfeffer
- 2 Tassen frische Brotwürfel
- $1/4$ Tasse gehackte frische Petersilie

Legen Sie den rohen Seitan auf eine leicht bemehlte Arbeitsfläche und strecken Sie ihn mit leicht bemehlten Händen aus, bis er flach und etwa $1/2$ Zoll dick ist. Legen Sie den abgeflachten Seitan zwischen zwei Lagen Plastikfolie oder Pergamentpapier. Mit einem Nudelholz so weit wie möglich flach drücken (es wird elastisch und widerstandsfähig). Legen Sie ein mit einem Liter Wasser oder Konserven beschwertes Backblech darauf und lassen Sie es ruhen, während Sie die Füllung zubereiten.

In einer großen Pfanne das Öl bei mittlerer Hitze erhitzen. Zwiebel und Sellerie hinzufügen. Abdecken und 10 Minuten weich kochen. Thymian, Salbei, Wasser sowie Salz und Pfeffer nach Geschmack hinzufügen. Vom Herd nehmen und beiseite stellen. Brot und Petersilie in eine große Rührschüssel geben. Die Zwiebelmischung dazugeben und gut vermischen. Falls die Füllung zu trocken ist, noch etwas Wasser hinzufügen. Abschmecken und bei Bedarf nachwürzen. Falls benötigt. Beiseite legen.

Heizen Sie den Ofen auf 350 °F vor. Eine 9 x 13 Zoll große Backform leicht einölen und beiseite stellen. Rollen Sie den flachen Seitan mit einem Nudelholz aus, bis er etwa 2,5 cm dick ist. Die Füllung auf der Oberfläche verteilen Seitan dazugeben und vorsichtig und gleichmäßig aufrollen. Legen Sie den Braten mit der Naht nach unten in die vorbereitete Backform. Reiben Sie ein wenig Öl auf die Oberseite und die Seiten des Bratens und backen Sie ihn abgedeckt 45 Minuten lang. Öffnen Sie dann den Deckel und backen Sie ihn etwa 15 Minuten länger, bis er fest und glänzend braun ist.

Aus dem Ofen nehmen und vor dem Schneiden 10 Minuten ruhen lassen. Schneiden Sie es mit einem gezackten Messer in $^1/_2$ Zoll große Scheiben. Hinweis: Um das Schneiden zu erleichtern, bereiten Sie den Braten vor und lassen Sie ihn vor dem Schneiden vollständig abkühlen. Schneiden Sie den Braten ganz oder teilweise in Scheiben und erhitzen Sie ihn vor dem Servieren gut abgedeckt 15 bis 20 Minuten lang im Ofen.

## 74. Seitan-Schmorbraten

**Ergibt 4 Portionen**

- 1 Rezept Einfaches, gekochtes Seitan
- 2 Esslöffel Olivenöl
- 3 bis 4 mittelgroße Schalotten, der Länge nach halbiert
- 1 Pfund Yukon-Gold-Kartoffeln, geschält und in 2-Zoll-Stücke geschnitten
- $1/2$ Teelöffel getrocknetes Bohnenkraut
- $1/4$ Teelöffel gemahlener Salbei
- Salz und frisch gemahlener schwarzer Pfeffer
- Meerrettich, zwei Portionen

Befolgen Sie die Anweisungen für die Zubereitung von einfachem gedünstetem Seitan, aber teilen Sie den Seitan-Teig vor dem Köcheln in zwei statt in vier Teile. Nachdem der Seitan 30 Minuten in der Brühe abgekühlt ist, nehmen Sie ihn aus dem Topf und stellen Sie ihn beiseite. Bewahren Sie die Kochflüssigkeit auf und entsorgen Sie alle Feststoffe. Reservieren Sie 1 Stück Seitan (ca. 400 g) für die zukünftige Verwendung, indem Sie es in eine Schüssel geben und mit etwas der zurückbehaltenen Kochflüssigkeit bedecken. Abdecken und im Kühlschrank aufbewahren, bis es benötigt wird. Wenn Sie den Seitan nicht innerhalb von 3 Tagen verwenden, kühlen Sie ihn vollständig ab, wickeln Sie ihn fest ein und frieren Sie ihn ein.

In einem großen Topf 1 Esslöffel Öl bei mittlerer Hitze erhitzen. Schalotten und Karotten hinzufügen. Abdecken und 5 Minuten kochen lassen. Kartoffeln, Thymian, Bohnenkraut, Salbei sowie Salz und Pfeffer nach Geschmack hinzufügen. $1\,1/2$ Tassen der zurückbehaltenen Kochflüssigkeit hinzufügen und zum Kochen bringen. Reduzieren Sie die Hitze auf eine niedrige Stufe und kochen Sie es abgedeckt 20 Minuten lang.

Reiben Sie den reservierten Seitan mit dem restlichen 1 Esslöffel Öl und dem Paprikapulver ein. Den Seitan auf das köchelnde Gemüse legen. Abdecken und etwa 20 Minuten weitergaren, bis das Gemüse weich ist. Den Seitan in dünne Scheiben schneiden und auf einer großen Servierplatte, umgeben vom gekochten Gemüse, anrichten. Sofort servieren, mit Meerrettich als Beilage.

## 75. Fast ein einziges Thanksgiving-Dinner

**Ergibt 6 Portionen**

- 2 Esslöffel Olivenöl
- 1 Tasse fein gehackte Zwiebel
- 2 Sellerierippen, fein gehackt
- 2 Tassen geschnittene weiße Champignons
- $1/2$ Teelöffel getrockneter Thymian
- $1/2$ Teelöffel getrocknetes Bohnenkraut
- $1/2$ Teelöffel gemahlener Salbei
- Eine Prise gemahlene Muskatnuss
- Salz und frisch gemahlener schwarzer Pfeffer
- 2 Tassen frische Brotwürfel
- $2\,1/2$ Tassen Gemüsebrühe, selbstgemacht (siehe Leichte Gemüsebrühe ) oder im Laden gekauft
- $1/3$ Tasse gesüßte getrocknete Preiselbeeren
- 8 Unzen extrafester Tofu, abgetropft und in $1/4$ Zoll große Scheiben geschnitten
- 8 Unzen Seitan, hausgemacht oder im Laden gekauft, sehr dünn geschnitten
- $2\,1/2$ Tassen einfaches Kartoffelpüree
- 1 Blatt gefrorener Blätterteig, aufgetaut

Heizen Sie den Ofen auf 400 °F vor. Eine quadratische 25 cm große Auflaufform leicht einölen. In einer großen Pfanne das Öl bei mittlerer Hitze erhitzen. Zwiebel und Sellerie hinzufügen. Abdecken und ca. 5 Minuten kochen lassen, bis es weich ist. Pilze, Thymian, Bohnenkraut, Salbei, Muskatnuss sowie Salz und Pfeffer nach Geschmack unterrühren. Ohne Deckel kochen, bis die Pilze weich sind, etwa 3 Minuten länger. Beiseite legen.

In einer großen Schüssel die Brotwürfel mit so viel Brühe vermischen, wie zum Befeuchten nötig ist (ca

1 $^1/_2$ Tassen). Die gekochte Gemüsemischung, Walnüsse und Preiselbeeren hinzufügen. Gut umrühren und beiseite stellen.

In derselben Pfanne die restliche 1 Tasse Brühe zum Kochen bringen, die Hitze auf mittlere Stufe reduzieren, den Tofu hinzufügen und ohne Deckel etwa 10 Minuten köcheln lassen, bis die Brühe aufgesogen ist. Beiseite legen.

Verteilen Sie die Hälfte der vorbereiteten Füllung auf dem Boden der vorbereiteten Auflaufform, gefolgt von der Hälfte des Seitans, der Hälfte des Tofus und der Hälfte der braunen Soße. Wiederholen Sie die Schichtung mit der restlichen Füllung , Seitan, Tofu, Entensauce.

## 76. Seitan Milanese mit Panko und Zitrone

**Ergibt 4 Portionen**

- 2 Tassen Panko
- $1/4$ Tasse gehackte frische Petersilie
- $1/2$ Teelöffel Salz
- $1/4$ Teelöffel frisch gemahlener schwarzer Pfeffer
- 1 Pfund Seitan, selbst gemacht oder im Laden gekauft, in $1/4$ Zoll große Scheiben schneiden
- 2 Esslöffel Olivenöl
- 1 Zitrone, in Spalten geschnitten

Den Ofen auf 250°F vorheizen. In einer großen Schüssel Panko, Petersilie, Salz und Pfeffer vermischen. Befeuchten Sie den Seitan mit etwas Wasser und tauchen Sie ihn in die Panko-Mischung.

Erhitzen Sie das Öl in einer großen Pfanne bei mittlerer bis hoher Hitze. Fügen Sie den Seitan hinzu und kochen Sie ihn, indem Sie ihn einmal wenden, bis er goldbraun ist. Bei Bedarf portionsweise verarbeiten. Übertragen Sie den gekochten Seitan auf ein Backblech und halten Sie ihn im Ofen warm, während Sie den Rest kochen. Sofort mit Zitronenspalten servieren.

## 77. Seitan mit Sesamkruste

**Ergibt 4 Portionen**

- $1/3$ Tasse Sesamkörner
- $1/3$ Tasse Allzweckmehl
- $1/2$ Teelöffel Salz
- $1/4$ Teelöffel frisch gemahlener schwarzer Pfeffer
- $1/2$ Tasse ungesüßte Sojamilch
- 1 Pfund Seitan, hausgemachter oder im Laden gekaufter Seitan, in $1/4$ Zoll große Scheiben geschnitten
- 2 Esslöffel Olivenöl

Geben Sie die Sesamkörner in eine trockene Pfanne bei mittlerer Hitze und rösten Sie sie unter ständigem Rühren 3 bis 4 Minuten lang, bis sie hellgolden sind. Zum Abkühlen beiseite stellen und dann in einer Küchenmaschine oder Gewürzmühle mahlen.

Die gemahlenen Sesamkörner in eine flache Schüssel geben, Mehl, Salz und Pfeffer hinzufügen und gut vermischen. Geben Sie die Sojamilch in eine flache Schüssel. Tauchen Sie den Seitan in die Sojamilch und tauchen Sie ihn dann in die Sesammischung.

In einer großen Pfanne das Öl bei mittlerer Hitze erhitzen. Fügen Sie den Seitan hinzu, bei Bedarf portionsweise, und kochen Sie ihn etwa 10 Minuten lang, bis er auf beiden Seiten knusprig und goldbraun ist. Sofort servieren.

## 78. Seitan mit Artischocken und Oliven

**Ergibt 4 Portionen**

- 2 Esslöffel Olivenöl
- 1 Pfund Seitan, selbstgemacht oder im Laden gekauft, in $1/4$ Zoll große Scheiben schneiden
- 2 Knoblauchzehen, gehackt
- 1 (14,5 Unzen) Dose gewürfelte Tomaten, abgetropft
- 1 $1/2$ Tassen eingemachte oder gefrorene (gekochte) Artischockenherzen, in $1/4$ Zoll große Scheiben geschnitten
- 1 Esslöffel Kapern
- 2 Esslöffel gehackte frische Petersilie
- Salz und frisch gemahlener schwarzer Pfeffer
- 1 Tasse Tofu-Feta (optional)

Backofen auf 250 °F vorheizen. In einer großen Pfanne 1 Esslöffel Öl bei mittlerer bis hoher Hitze erhitzen. Den Seitan dazugeben und auf beiden Seiten ca. 5 Minuten anbraten. Den Seitan auf einen hitzebeständigen Teller geben und im Ofen warm halten.

In derselben Pfanne den restlichen 1 Esslöffel Öl bei mittlerer Hitze erhitzen. Fügen Sie den Knoblauch hinzu und kochen Sie ihn etwa 30 Sekunden lang, bis er duftet. Tomaten, Artischockenherzen, Oliven, Kapern und Petersilie hinzufügen. Mit Salz und Pfeffer abschmecken und ca. 5 Minuten heiß kochen. Beiseite legen.

Legen Sie den Seitan auf eine Servierplatte, geben Sie die Gemüsemischung darauf und bestreuen Sie ihn gegebenenfalls mit Tofu-Feta. Sofort servieren.

## 79. Seitan mit Ancho-Chipotle-Sauce

**Ergibt 4 Portionen**

- 2 Esslöffel Olivenöl
- 1 mittelgroße Zwiebel, gehackt
- 2 mittelgroße Karotten, gehackt
- 2 Knoblauchzehen, gehackt
- 1 (28 Unzen) Dose zerkleinerte, feuergeröstete Tomaten
- $^1/_2$ Tasse Gemüsebrühe, selbstgemacht (siehe Leichte Gemüsebrühe) oder im Laden gekauft
- 2 getrocknete Ancho-Chilis
- 1 getrockneter Chipotle-Chili
- $^1/_2$ Tasse gelbes Maismehl
- $^1/_2$ Teelöffel Salz
- $^1/_4$ Teelöffel frisch gemahlener schwarzer Pfeffer
- 1 Pfund Seitan, selbstgemacht oder im Laden gekauft, in $^1/_4$ Zoll große Scheiben schneiden

In einem großen Topf 1 Esslöffel Öl bei mittlerer Hitze erhitzen. Zwiebeln und Karotten hinzufügen, abdecken und 7 Minuten kochen lassen. Den Knoblauch hinzufügen und 1 Minute kochen lassen. Tomaten, Brühe sowie Ancho- und Chipotle-Chili unterrühren. Ohne Deckel 45 Minuten köcheln lassen, dann die Sauce in einen Mixer geben und glatt rühren. Zurück in den Topf geben und bei sehr schwacher Hitze warm halten.

In einer flachen Schüssel das Maismehl mit Salz und Pfeffer vermischen. Den Seitan in die Maismehlmischung eintauchen und gleichmäßig damit bestreichen.

In einer großen Pfanne die restlichen 2 Esslöffel Öl bei mittlerer Hitze erhitzen. Fügen Sie den Seitan hinzu und kochen Sie ihn insgesamt etwa 8 Minuten lang, bis er auf beiden Seiten gebräunt ist. Sofort mit der Chilisauce servieren.

## 80. Seitan Piccata

**Ergibt 4 Portionen**

- 1 Pfund Seitan, selbstgemacht oder im Laden gekauft, in $1/4$ Zoll große Scheiben geschnitten, Salz und frisch gemahlener schwarzer Pfeffer
- $1/2$ Tasse Allzweckmehl
- 2 Esslöffel Olivenöl
- 1 mittelgroße Schalotte, gehackt
- 2 Knoblauchzehen, gehackt
- 2 Esslöffel Kapern
- $1/3$ Tasse Weißwein
- $1/3$ Tasse Gemüsebrühe, selbstgemacht (siehe Leichte Gemüsebrühe ) oder im Laden gekauft
- 2 Esslöffel frischer Zitronensaft
- 2 Esslöffel vegane Margarine
- 2 Esslöffel gehackte frische Petersilie

Den Ofen auf 275°F vorheizen. Den Seitan mit Salz und Pfeffer abschmecken und im Mehl wenden.

In einer großen Pfanne 2 Esslöffel Öl bei mittlerer Hitze erhitzen. Den ausgebaggerten Seitan dazugeben und ca. 10 Minuten braten, bis er auf beiden Seiten leicht gebräunt ist. Den Seitan auf einen hitzebeständigen Teller geben und im Ofen warm halten.

In derselben Pfanne den restlichen 1 Esslöffel Öl bei mittlerer Hitze erhitzen. Schalotte und Knoblauch hinzufügen, 2 Minuten kochen lassen, dann Kapern, Wein und Brühe hinzufügen. Ein bis zwei Minuten köcheln lassen, um die Menge etwas zu reduzieren, dann Zitronensaft, Margarine und Petersilie hinzufügen und umrühren, bis die Margarine mit der Sauce vermischt ist. Die Soße über den gebräunten Seitan gießen und sofort servieren.

## 81. Seitan mit drei Samen

**Ergibt 4 Portionen**

- ¹/₄ Tasse ungesalzene, geschälte Sonnenblumenkerne
- ¹/₄ Tasse ungesalzene geschälte Kürbiskerne (Pepitas)
- ¹/₄ Tasse Sesamkörner
- ¾ Tasse Allzweckmehl
- 1 Teelöffel gemahlener Koriander
- 1 Teelöffel geräuchertes Paprikapulver
- ¹/₂ Teelöffel Salz
- ¹/₄ Teelöffel frisch gemahlener schwarzer Pfeffer
- 1 Pfund Seitan, selbstgemacht oder im Laden gekauft, in mundgerechte Stücke geschnitten
- 2 Esslöffel Olivenöl

Sonnenblumenkerne, Kürbiskerne und Sesamsamen in einer Küchenmaschine vermischen und zu einem Pulver zermahlen. In eine flache Schüssel geben, Mehl, Koriander, Paprika, Salz und Pfeffer hinzufügen und verrühren.

Befeuchten Sie die Seitanstücke mit Wasser und tauchen Sie sie dann in die Samenmischung, um sie vollständig zu bedecken.

In einer großen Pfanne das Öl bei mittlerer Hitze erhitzen. Den Seitan dazugeben und anbraten, bis er auf beiden Seiten leicht gebräunt und knusprig ist. Sofort servieren.

## 82. Fajitas ohne Grenzen

**Ergibt 4 Portionen**

- 1 Esslöffel Olivenöl
- 1 kleine rote Zwiebel, gehackt
- 10 Unzen Seitan, selbstgemacht oder im Laden gekauft, in $^1/_2$ Zoll große Streifen geschnitten
- $^1/_4$ Tasse scharfe oder mild gehackte grüne Chilis aus der Dose
- Salz und frisch gemahlener schwarzer Pfeffer
- (10 Zoll) weiche Mehl-Tortillas
- 2 Tassen Tomatensalsa, hausgemacht (siehe Frische Tomatensalsa ) oder im Laden gekauft

In einer großen Pfanne das Öl bei mittlerer Hitze erhitzen. Fügen Sie die Zwiebel hinzu, decken Sie sie ab und kochen Sie sie etwa 7 Minuten lang, bis sie weich ist. Den Seitan hinzufügen und ohne Deckel 5 Minuten kochen lassen.

Fügen Sie die Süßkartoffeln, Chilis, Oregano sowie Salz und Pfeffer nach Geschmack hinzu und rühren Sie alles gut um. Unter gelegentlichem Rühren etwa 7 Minuten lang weiterkochen, bis die Mischung heiß ist und die Aromen gut vermischt sind.

Die Tortillas in einer trockenen Pfanne erwärmen. Legen Sie jede Tortilla in eine flache Schüssel. Die Seitan-Süßkartoffel-Mischung in die Tortillas geben und jeweils etwa $^1/_3$ Tasse Salsa darüber geben. Jeweils bestreuen Schüssel mit 1 Esslöffel Oliven, falls verwendet. Sofort servieren, die restliche Salsa als Beilage servieren.

## 83. Seitan mit grünem Apfelrelish

**Ergibt 4 Portionen**

- 2 Granny-Smith-Äpfel, grob gehackt
- $1/2$ Tasse fein gehackte rote Zwiebel
- $1/2$ Jalapeño-Chili, entkernt und gehackt
- $1\ 1/2$ Teelöffel geriebener frischer Ingwer
- 2 Esslöffel frischer Limettensaft
- 2 Teelöffel Agavennektar
- Salz und frisch gemahlener schwarzer Pfeffer
- 2 Esslöffel Olivenöl
- 1 Pfund Seitan, selbstgemacht oder im Laden gekauft, in $1/2$ Zoll große Scheiben schneiden

In einer mittelgroßen Schüssel Äpfel, Zwiebeln, Chili, Ingwer, Limettensaft, Agavendicksaft sowie Salz und Pfeffer nach Geschmack vermischen. Beiseite legen.

Das Öl in einer Pfanne bei mittlerer Hitze erhitzen. Den Seitan dazugeben und auf beiden Seiten bräunen lassen, dabei einmal wenden, etwa 4 Minuten pro Seite. Mit Salz und Pfeffer abschmecken. Den Apfelsaft hinzufügen und eine Minute kochen lassen, bis er eingekocht ist. Sofort mit dem Apfelrelish servieren.

## 84. Seitan und Brokkoli-Shiitake-Pfanne

**Ergibt 4 Portionen**

- 2 Esslöffel Raps- oder Traubenkernöl
- 10 Unzen Seitan, selbstgemacht oder im Laden gekauft, in $1/4$ Zoll große Scheiben geschnitten
- 3 Knoblauchzehen, gehackt
- 2 Teelöffel geriebener frischer Ingwer
- Frühlingszwiebeln, gehackt
- 1 mittelgroßer Bund Brokkoli, in 2,5 cm große Röschen geschnitten
- 3 Esslöffel Sojasauce
- 2 Esslöffel trockener Sherry
- 1 Teelöffel geröstetes Sesamöl
- 1 Esslöffel geröstete Sesamkörner

In einer großen Pfanne 1 Esslöffel Öl bei mittlerer bis hoher Hitze erhitzen. Fügen Sie den Seitan hinzu und kochen Sie ihn unter gelegentlichem Rühren etwa 3 Minuten lang, bis er leicht gebräunt ist. Den Seitan in eine Schüssel geben und beiseite stellen.

In derselben Pfanne den restlichen 1 Esslöffel Öl bei mittlerer bis hoher Hitze erhitzen. Fügen Sie die Pilze hinzu und kochen Sie sie unter häufigem Rühren etwa 3 Minuten lang, bis sie braun sind. Knoblauch, Ingwer und Frühlingszwiebeln einrühren und 30 Sekunden länger kochen lassen. Die Pilzmischung zum gekochten Seitan geben und beiseite stellen.

Brokkoli und Wasser in dieselbe Pfanne geben. Abdecken und kochen, bis der Brokkoli beginnt, hellgrün zu werden, etwa 3 Minuten. Aufdecken und unter häufigem Rühren kochen, bis die Flüssigkeit verdampft ist und der Brokkoli knusprig-zart ist, etwa 3 Minuten länger.

Geben Sie die Seitan-Pilz-Mischung wieder in die Pfanne. Sojasauce und Sherry hinzufügen und unter Rühren ca. 3 Minuten braten, bis Seitan und Gemüse heiß sind. Mit Sesamöl und Sesamkörnern bestreuen und sofort servieren.

## 85. Seitan-Spießchen mit Pfirsichen

**Ergibt 4 Portionen**

- ¹/₃ Tasse Balsamico-Essig
- 2 Esslöffel trockener Rotwein
- 2 Esslöffel hellbrauner Zucker
- ¹/₄ Tasse gehackter frischer Basilikum
- ¹/₄ Tasse gehackter frischer Majoran
- 2 Esslöffel gehackter Knoblauch
- 2 Esslöffel Olivenöl
- 1 Pfund Seitan, selbstgemacht oder im Laden gekauft, in 2,5 cm große Stücke geschnitten
- Schalotten, längs halbiert und blanchiert
- Salz und frisch gemahlener schwarzer Pfeffer
- 2 reife Pfirsiche, entkernt und in 2,5 cm große Stücke geschnitten

Essig, Wein und Zucker in einem kleinen Topf vermischen und zum Kochen bringen. Hitze auf mittlere Stufe reduzieren und unter Rühren ca. 15 Minuten köcheln lassen, bis die Temperatur auf die Hälfte reduziert ist. Vom Herd nehmen.

In einer großen Schüssel Basilikum, Majoran, Knoblauch und Olivenöl vermischen. Seitan, Schalotten und Pfirsiche dazugeben und verrühren. Mit Salz und Pfeffer abschmecken

Den Grill vorheizen. *Seitan, Schalotten und Pfirsiche auf die Spieße stecken und mit der Balsamico-Mischung bestreichen.

Legen Sie die Spieße auf den Grill und kochen Sie sie etwa 3 Minuten pro Seite, bis der Seitan und die Pfirsiche gegrillt sind. Mit der restlichen Balsamico-Mischung bestreichen und sofort servieren.

* Anstatt zu grillen, können Sie diese Spieße auch unter den Grill legen. Im Abstand von 10 bis 12 cm vor der Hitze braten, bis es heiß und an den Rändern leicht gebräunt ist, etwa 10 Minuten, dabei nach der Hälfte der Zeit einmal wenden.

## 86. Gegrillte Seitan- und Gemüsespiesse

**Ergibt 4 Portionen**

- $1/3$ Tasse Balsamico-Essig
- 2 Esslöffel Olivenöl
- 1 Esslöffel gehackter frischer Oregano oder 1 Teelöffel getrocknet
- 2 Knoblauchzehen, gehackt
- $1/2$ Teelöffel Salz
- $1/4$ Teelöffel frisch gemahlener schwarzer Pfeffer
- 1 Pfund Seitan, selbstgemacht oder im Laden gekauft, in 2,5 cm große Würfel geschnitten
- 7 Unzen kleine weiße Pilze, leicht abgespült und trocken getupft
- 2 kleine Zucchini, in 2,5 cm große Stücke geschnitten
- 1 mittelgroße gelbe Paprika, in 2,5 cm große Quadrate geschnitten
- reife Kirschtomaten

In einer mittelgroßen Schüssel Essig, Öl, Oregano, Thymian, Knoblauch, Salz und schwarzen Pfeffer vermischen. Fügen Sie Seitan, Pilze, Zucchini, Paprika und Tomaten hinzu und wenden Sie alles um. 30 Minuten bei Zimmertemperatur marinieren, dabei gelegentlich wenden. Seitan und Gemüse abtropfen lassen, die Marinade auffangen.

Den Grill vorheizen. *Seitan, Pilze und Tomaten auf Spieße stecken.

Legen Sie die Spieße auf den heißen Grill und garen Sie sie, indem Sie die Spieße nach der Hälfte der Grillzeit einmal wenden, insgesamt etwa 10 Minuten. Mit einer kleinen Menge der beiseite gestellten Marinade beträufeln und sofort servieren.

*Anstatt zu grillen, können Sie diese Spieße auch unter den Grill legen. Im Abstand von 10 bis 12 cm von der Hitze entfernt grillen, bis es heiß und an den Rändern leicht gebräunt ist, etwa 10 Minuten, dabei nach der Hälfte der Grillzeit einmal wenden.

## 87. Seitan En Croute

**Ergibt 4 Portionen**

- 1 Esslöffel Olivenöl
- 2 mittelgroße Schalotten, gehackt
- Unzen weiße Pilze, gehackt
- $1/4$ Tasse Madeira
- 1 Esslöffel gehackte frische Petersilie
- $1/2$ Teelöffel getrockneter Thymian
- $1/2$ Teelöffel getrocknetes Bohnenkraut
- 2 Tassen fein gehackte trockene Brotwürfel
- Salz und frisch gemahlener schwarzer Pfeffer
- 1 gefrorenes Blätterteigblatt, aufgetaut
- ($1/4$ Zoll dicke) Seitanscheiben, etwa 7,6 x 10 cm große Ovale oder Rechtecke, trocken tupfen

In einer großen Pfanne das Öl bei mittlerer Hitze erhitzen. Fügen Sie die Schalotten hinzu und kochen Sie sie etwa 3 Minuten lang, bis sie weich sind. Fügen Sie die Pilze hinzu und kochen Sie sie unter gelegentlichem Rühren etwa 5 Minuten lang, bis die Pilze weich sind. Madeira, Petersilie, Thymian und Bohnenkraut hinzufügen und kochen, bis die Flüssigkeit fast verdampft ist. Die Brotwürfel unterrühren und mit Salz und Pfeffer abschmecken. Zum Abkühlen beiseite stellen.

Legen Sie die Blätterteigplatte auf ein großes Stück Plastikfolie auf einer ebenen Arbeitsfläche. Mit einem weiteren Stück Frischhaltefolie bedecken und den Teig mit einem Nudelholz leicht ausrollen, damit er glatt wird. Den Teig vierteln. Je 1 Scheibe Seitan in die Mitte jedes Teigstücks legen. Die Füllung darauf verteilen und den Seitan damit bedecken. Jeweils mit den restlichen Seitanscheiben belegen. Falten Sie den Teig zusammen, um die Füllung zu umschließen, und drücken Sie die Ränder mit den Fingern zusammen, um ihn zu verschließen. Legen Sie die Teigtaschen mit der Naht nach unten auf ein großes, ungefettetes Backblech und stellen Sie sie 30 Minuten lang in den Kühlschrank. Heizen Sie den Ofen auf 400 °F vor. Backen, bis die Kruste goldbraun ist, etwa 20 Minuten. Sofort servieren.

## 88. Seitan-Kartoffel-Torta

**Ergibt 6 Portionen**

- 2 Esslöffel Olivenöl
- 1 mittelgroße gelbe Zwiebel, gehackt
- 4 Tassen gehackter frischer Babyspinat oder Mangoldstängel
- 8 Unzen Seitan, hausgemacht oder im Laden gekauft, fein gehackt
- 1 Teelöffel gehackter frischer Majoran
- $1/2$ Teelöffel gemahlener Fenchelsamen
- $1/4$ bis $1/2$ Teelöffel zerstoßener roter Pfeffer
- Salz und frisch gemahlener schwarzer Pfeffer
- $1/4$ Zoll große Scheiben geschnitten
- $1/2$ Tasse veganer Parmesan oder Parmasio

Heizen Sie den Ofen auf 400 °F vor. Eine 3-Liter-Auflaufform oder eine 9 x 13 Zoll große Backform leicht einölen und beiseite stellen.

In einer großen Pfanne 1 Esslöffel Öl bei mittlerer Hitze erhitzen. Fügen Sie die Zwiebel hinzu, decken Sie sie ab und kochen Sie sie etwa 7 Minuten lang, bis sie weich ist. Den Spinat hinzufügen und ohne Deckel ca. 3 Minuten kochen, bis er zusammengefallen ist. Seitan, Majoran, Fenchelsamen und zerkleinerten roten Pfeffer hinzufügen und gut verrühren. Mit Salz und Pfeffer abschmecken. Beiseite legen.

Die Tomatenscheiben auf dem Boden der vorbereiteten Pfanne verteilen. Mit einer Schicht leicht überlappender Kartoffelscheiben belegen. Die Kartoffelschicht mit etwas vom restlichen 1 Esslöffel Öl bestreichen und mit Salz und Pfeffer abschmecken. Etwa die Hälfte der Seitan-Spinat-Mischung auf den Kartoffeln verteilen. Mit einer weiteren Schicht Kartoffeln belegen, gefolgt von der restlichen Seitan-Spinat-Mischung. Mit einer letzten Schicht Kartoffeln belegen, mit dem restlichen Öl beträufeln und mit Salz und Pfeffer abschmecken. Mit Parmesan bestreuen. Abdecken und backen, bis die Kartoffeln weich sind, 45 Minuten bis 1 Stunde. Den Deckel aufdecken und 10 bis 15 Minuten lang weiterbacken, bis die Oberseite braun ist. Sofort servieren.

## 89. Rustikaler Cottage Pie

**Ergibt 4 bis 6 Portionen**

- Yukon-Gold-Kartoffeln, geschält und in 2,5 cm große Würfel geschnitten
- 2 Esslöffel vegane Margarine
- $1/4$ Tasse ungesüßte Sojamilch
- Salz und frisch gemahlener schwarzer Pfeffer
- 1 Esslöffel Olivenöl
- 1 mittelgelbe Zwiebel, fein gehackt
- 1 mittelgroße Karotte, fein gehackt
- 1 Sellerierippe, fein gehackt
- Unzen Seitan, hausgemacht oder im Laden gekauft, fein gehackt
- 1 Tasse gefrorene Erbsen
- 1 Tasse gefrorene Maiskörner
- 1 Teelöffel getrocknetes Bohnenkraut
- $1/2$ Teelöffel getrockneter Thymian

In einem Topf mit kochendem Salzwasser die Kartoffeln 15 bis 20 Minuten kochen, bis sie weich sind. Gut abtropfen lassen und zurück in den Topf geben. Fügen Sie Margarine, Sojamilch sowie Salz und Pfeffer hinzu und schmecken Sie ab. Mit einem Kartoffelstampfer grob zerstampfen und beiseite stellen. Heizen Sie den Ofen auf 350 °F vor.

In einer großen Pfanne das Öl bei mittlerer Hitze erhitzen. Zwiebel, Karotte und Sellerie hinzufügen. Abdecken und ca. 10 Minuten kochen lassen, bis es weich ist. Übertragen Sie das Gemüse in eine 9 x 13 Zoll große Backform. Seitan, Pilzsauce, Erbsen, Mais, Bohnenkraut und Thymian unterrühren. Mit Salz und Pfeffer abschmecken und die Mischung gleichmäßig in der Backform verteilen.

Mit dem Kartoffelpüree belegen und bis zum Rand der Backform verteilen. Backen, bis die Kartoffeln gebräunt sind und die Füllung Blasen bildet, etwa 45 Minuten. Sofort servieren.

## 90. Seitan mit Spinat und Tomaten

**Ergibt 4 Portionen**

- 2 Esslöffel Olivenöl
- 1 Pfund Seitan, selbstgemacht oder im Laden gekauft, in $1/4$ Zoll große Streifen geschnitten
- Salz und frisch gemahlener schwarzer Pfeffer
- 3 Knoblauchzehen, gehackt
- 4 Tassen frischer Babyspinat
- In Öl eingelegte, sonnengetrocknete Tomaten, in $1/4$ Zoll große Streifen geschnitten
- $1/2$ Tasse entkernte Kalamata-Oliven, halbiert
- 1 Esslöffel Kapern
- $1/4$ Teelöffel zerstoßener roter Pfeffer

In einer großen Pfanne das Öl bei mittlerer Hitze erhitzen. Den Seitan dazugeben, mit Salz und schwarzem Pfeffer abschmecken und ca. 5 Minuten pro Seite braten, bis er braun ist.

Fügen Sie den Knoblauch hinzu und kochen Sie ihn 1 Minute lang, damit er weich wird. Den Spinat dazugeben und ca. 3 Minuten kochen, bis er zusammengefallen ist. Tomaten, Oliven, Kapern und zerstoßene rote Paprika unterrühren. Mit Salz und schwarzem Pfeffer abschmecken. Unter Rühren kochen, bis sich die Aromen vermischt haben, etwa 5 Minuten

Sofort servieren.

## 91. Seitan und überbackene Kartoffeln

**Ergibt 4 Portionen**

- 2 Esslöffel Olivenöl
- 1 kleine gelbe Zwiebel, gehackt
- $1/4$ Tasse gehackte grüne Paprika
- große Yukon-Gold-Kartoffeln, geschält und in $1/4$ Zoll große Scheiben geschnitten
- $1/2$ Teelöffel Salz
- $1/4$ Teelöffel frisch gemahlener schwarzer Pfeffer
- 10 Unzen Seitan, hausgemacht oder im Laden gekauft, gehackt
- $1/2$ Tasse ungesüßte Sojamilch
- 1 Esslöffel vegane Margarine
- 2 Esslöffel gehackte frische Petersilie als Garnitur

Heizen Sie den Ofen auf 350 °F vor. Eine quadratische Backform mit einem Durchmesser von 25 cm leicht einölen und beiseite stellen.

In einer Pfanne das Öl bei mittlerer Hitze erhitzen. Fügen Sie die Zwiebel und die Paprika hinzu und kochen Sie sie etwa 7 Minuten lang, bis sie weich sind. Beiseite legen.

In die vorbereitete Backform die Hälfte der Kartoffeln schichten und mit Salz und schwarzem Pfeffer abschmecken. Streuen Sie die Zwiebel-Paprika-Mischung und den gehackten Seitan über die Kartoffeln. Mit den restlichen Kartoffelscheiben belegen und mit Salz und schwarzem Pfeffer abschmecken.

In einer mittelgroßen Schüssel die braune Soße und die Sojamilch gut vermischen. Über die Kartoffeln gießen. Die oberste Schicht mit Margarine bestreichen und fest mit Folie abdecken. 1 Stunde backen. Die Folie entfernen und weitere 20 Minuten backen oder bis die Oberfläche goldbraun ist. Sofort mit Petersilie bestreut servieren.

## 92. Koreanische Nudelpfanne

**Ergibt 4 Portionen**

- 8 Unzen Dang Myun oder Bohnenfadennudeln
- 2 Esslöffel geröstetes Sesamöl
- 1 Esslöffel Zucker
- ¹/₄ Teelöffel Salz
- ¹/₄ Teelöffel gemahlener Cayennepfeffer
- 2 Esslöffel Raps- oder Traubenkernöl
- 8 Unzen Seitan, hausgemacht oder im Laden gekauft, in ¹/₄ Zoll große Streifen geschnitten
- 1 mittelgroße Zwiebel, der Länge nach halbiert und in dünne Scheiben geschnitten
- 1 mittelgroße Karotte, in dünne Stifte geschnitten
- 6 Unzen frische Shiitake-Pilze, entstielt und in dünne Scheiben geschnitten
- 3 Tassen fein geschnittener Pak Choi oder anderer asiatischer Kohl
- 3 Frühlingszwiebeln, gehackt
- 3 Knoblauchzehen, fein gehackt
- 1 Tasse Sojasprossen
- 2 Esslöffel Sesamkörner zum Garnieren

Die Nudeln 15 Minuten in heißem Wasser einweichen. Abgießen und unter kaltem Wasser abspülen. Beiseite legen.

In einer kleinen Schüssel Sojasauce, Sesamöl, Zucker, Salz und Cayennepfeffer vermischen und beiseite stellen.

In einer großen Pfanne 1 Esslöffel Öl bei mittlerer bis hoher Hitze erhitzen. Fügen Sie den Seitan hinzu und braten Sie ihn etwa 2 Minuten lang, bis er braun ist. Aus der Pfanne nehmen und beiseite stellen.

Geben Sie den restlichen 1 Esslöffel Rapsöl in dieselbe Pfanne und erhitzen Sie es bei mittlerer bis hoher Hitze. Fügen Sie die Zwiebel und die Karotte hinzu und braten Sie sie etwa 3 Minuten lang an, bis sie weich sind. Pilze, Pak Choi, Frühlingszwiebeln und Knoblauch hinzufügen und etwa 3 Minuten unter Rühren braten, bis sie weich sind.

Fügen Sie die Sojasprossen hinzu und braten Sie sie 30 Sekunden lang an. Geben Sie dann die gekochten Nudeln, den gebräunten Seitan und die Sojasaucenmischung hinzu und rühren Sie alles um. Unter gelegentlichem Rühren 3 bis 5 Minuten lang weiterkochen, bis die Zutaten heiß und gut vermischt sind. In eine große Servierschüssel geben, mit Sesamkörnern bestreuen und sofort servieren.

## 93. Jerk-gewürztes rotes Bohnen-Chili

**Ergibt 4 Portionen**

- 1 Esslöffel Olivenöl
- 1 mittelgroße Zwiebel, gehackt
- 10 Unzen Seitan, hausgemacht oder im Laden gekauft, gehackt
- 3 Tassen gekocht oder 2 (15,5 Unzen) Dosen dunkelrote Kidneybohnen, abgetropft und abgespült
- (14,5 Unzen) Dose zerkleinerte Tomaten
- (14,5 Unzen) Dose gewürfelte Tomaten, abgetropft
- (4 Unzen) Dose gehackte milde oder scharfe grüne Chilis, abgetropft
- $1/2$ Tasse Barbecue-Sauce, selbstgemacht oder im Laden gekauft
- 1 Tasse Wasser
- 1 Esslöffel Sojasauce
- 1 Esslöffel Chilipulver
- 1 Teelöffel gemahlener Kreuzkümmel
- 1 Teelöffel gemahlener Piment
- 1 Teelöffel Zucker
- $1/2$ Teelöffel gemahlener Oregano
- $1/4$ Teelöffel gemahlener Cayennepfeffer
- $1/2$ Teelöffel Salz
- $1/4$ Teelöffel frisch gemahlener schwarzer Pfeffer

In einem großen Topf das Öl bei mittlerer Hitze erhitzen. Zwiebel und Seitan hinzufügen. Abdecken und ca. 10 Minuten kochen, bis die Zwiebel weich ist.

Kidneybohnen, zerdrückte Tomaten, Tomatenwürfel und Chilis unterrühren. Barbecue-Sauce, Wasser, Sojasauce, Chilipulver, Kreuzkümmel, Piment, Zucker,

Oregano, Cayennepfeffer, Salz und schwarzen Pfeffer einrühren.

Zum Kochen bringen, dann die Hitze auf mittlere Stufe reduzieren und zugedeckt etwa 45 Minuten köcheln lassen, bis das Gemüse weich ist. Aufdecken und etwa 10 Minuten länger köcheln lassen. Sofort servieren.

## 94. Herbst-Medley-Eintopf

**Ergibt 4 bis 6 Portionen**

- 2 Esslöffel Olivenöl
- 10 Unzen Seitan, selbstgemacht oder im Laden gekauft, in 2,5 cm große Würfel geschnitten
- Salz und frisch gemahlener schwarzer Pfeffer
- 1 große gelbe Zwiebel, gehackt
- 2 Knoblauchzehen, gehackt
- 1 große rotbraune Kartoffel, geschält und in $1/2$ Zoll große Würfel geschnitten
- 1 mittelgroße Pastinake, in $1/4$ Zoll große Würfel geschnitten
- 1 kleiner Butternusskürbis, geschält, halbiert, entkernt und in $1/2$ Zoll große Würfel geschnitten
- 1 kleiner Wirsingkopf, gehackt
- 1 (14,5 Unzen) Dose gewürfelte Tomaten, abgetropft
- 1 $1/2$ Tassen gekocht oder 1 (15,5 Unzen) Dose Kichererbsen, abgetropft und abgespült
- 2 Tassen Gemüsebrühe, selbstgemacht (siehe Leichte Gemüsebrühe ) oder im Laden gekauft, oder Wasser
- $1/2$ Teelöffel getrockneter Majoran
- $1/2$ Teelöffel getrockneter Thymian
- $1/2$ Tasse zerkrümelte Engelshaarnudeln

In einer großen Pfanne 1 Esslöffel Öl bei mittlerer bis hoher Hitze erhitzen. Fügen Sie den Seitan hinzu und kochen Sie ihn etwa 5 Minuten lang, bis er von allen Seiten gebräunt ist. Mit Salz und Pfeffer abschmecken und beiseite stellen.

In einem großen Topf den restlichen 1 Esslöffel Öl bei mittlerer Hitze erhitzen. Zwiebel und Knoblauch hinzufügen. Abdecken und ca. 5 Minuten kochen lassen, bis es weich ist. Kartoffeln, Karotten, Pastinaken und Kürbis hinzufügen. Abdecken und ca. 10 Minuten kochen lassen, bis es weich ist.

Kohl, Tomaten, Kichererbsen, Brühe, Wein, Majoran, Thymian sowie Salz und Pfeffer nach Geschmack hinzufügen. Zum Kochen bringen, dann die Hitze auf eine niedrige Stufe reduzieren. Abdecken und unter gelegentlichem Rühren etwa 45 Minuten kochen, bis das Gemüse weich ist. Den gekochten Seitan und die Nudeln dazugeben und etwa 10 Minuten länger köcheln lassen, bis die Nudeln zart sind und sich die Aromen vermischt haben. Sofort servieren.

## 95. Italienischer Reis mit Seitan

**Ergibt 4 Portionen**

- 2 Tassen Wasser
- 1 Tasse brauner oder weißer Langkornreis
- 2 Esslöffel Olivenöl
- 1 mittelgroße gelbe Zwiebel, gehackt
- 2 Knoblauchzehen, gehackt
- 10 Unzen Seitan, hausgemacht oder im Laden gekauft, gehackt
- 4 Unzen weiße Champignons, gehackt
- 1 Teelöffel getrocknetes Basilikum
- $1/2$ Teelöffel gemahlener Fenchelsamen
- $1/4$ Teelöffel zerstoßener roter Pfeffer
- Salz und frisch gemahlener schwarzer Pfeffer

In einem großen Topf das Wasser bei starker Hitze zum Kochen bringen. Geben Sie den Reis hinzu, reduzieren Sie die Hitze auf eine niedrige Stufe, decken Sie ihn ab und kochen Sie ihn etwa 30 Minuten lang, bis er weich ist.

In einer großen Pfanne das Öl bei mittlerer Hitze erhitzen. Fügen Sie die Zwiebel hinzu, decken Sie sie ab und kochen Sie sie etwa 5 Minuten lang, bis sie weich ist. Fügen Sie den Seitan hinzu und kochen Sie ihn ohne Deckel, bis er braun ist. Die Pilze einrühren und etwa 5 Minuten länger kochen, bis sie weich sind. Basilikum, Fenchel, zerstoßenen roten Pfeffer sowie Salz und schwarzen Pfeffer nach Geschmack unterrühren.

Den gekochten Reis in eine große Servierschüssel geben. Die Seitan-Mischung einrühren und gründlich vermischen. Eine großzügige Menge schwarzen Pfeffer hinzufügen und sofort servieren.

## 96. Zwei-Kartoffel-Hash

**Ergibt 4 Portionen**

- 2 Esslöffel Olivenöl
- 1 mittelgroße rote Zwiebel, gehackt
- 1 mittelgroße rote oder gelbe Paprika, gehackt
- 1 gekochte mittelgroße rostrote Kartoffel, geschält und in ½-Zoll-Würfel geschnitten
- 1 gekochte mittelgroße Süßkartoffel, geschält und in ½-Zoll-Würfel geschnitten
- 2 Tassen gehackter Seitan, hausgemacht
- Salz und frisch gemahlener schwarzer Pfeffer

In einer großen Pfanne das Öl bei mittlerer Hitze erhitzen. Zwiebel und Paprika hinzufügen. Abdecken und ca. 7 Minuten kochen lassen, bis es weich ist.

Weiße Kartoffel, Süßkartoffel und Seitan dazugeben und mit Salz und Pfeffer abschmecken. Ohne Deckel etwa 10 Minuten unter häufigem Rühren leicht bräunen lassen. Heiß servieren.

## 97. Sauerrahm-Seitan-Enchiladas

8 serviert
ZUTATEN

Seitan
- 1 Tasse vitales Weizenglutenmehl
- 1/4 Tasse Kichererbsenmehl
- 1/4 Tasse Nährhefe
- 1 Teelöffel Zwiebelpulver
- 1/2 Teelöffel Knoblauchpulver
- 1 1/2 Teelöffel Gemüsebrühepulver
- 1/2 Tasse Wasser
- 2 Esslöffel frisch gepresster Zitronensaft
- 2 Esslöffel Sojasauce
- 2 Tassen Gemüsebrühe

Sauerrahmsoße
- 2 Esslöffel vegane Margarine
- 2 Esslöffel Mehl
- 1 1/2 Tassen Gemüsebrühe
- 2 (8 oz) Kartons vegane Sauerrahm
- 1 Tasse Salsa Verde (Tomatillo-Salsa)
- 1/2 Teelöffel Salz
- 1/2 Teelöffel gemahlener weißer Pfeffer
- 1/4 Tasse gehackter Koriander

Enchiladas
- 2 Esslöffel Olivenöl
- 1/2 mittelgroße Zwiebel, gewürfelt
- 2 Knoblauchzehen, gehackt
- 2 Serrano-Chilis, gehackt (siehe Tipp)
- 1/4 Tasse Tomatenmark

- 1/4 Tasse Wasser
- 1 Esslöffel Kreuzkümmel
- 2 Esslöffel Chilipulver
- 1 Teelöffel Salz
- 15-20 Maistortillas
- 1 (8 oz) Packung Daiya Cheddar Style Shreds
- 1/2 Tasse gehackter Koriander

METHODE

a) Bereiten Sie den Seitan vor. Den Ofen auf 325 Grad Fahrenheit vorheizen. Eine Auflaufform mit Deckel leicht mit Antihaftspray einölen. Mehl, Nährhefe, Gewürze und Gemüsebrühepulver in einer großen Schüssel vermengen. Wasser, Zitronensaft und Sojasauce in einer kleinen Schüssel vermischen. Die feuchten Zutaten zu den trockenen Zutaten geben und verrühren, bis ein Teig entsteht. Passen Sie die Wasser- oder Glutenmenge je nach Bedarf an (siehe Tipp). Den Teig 5 Minuten lang kneten und dann einen Laib formen. Den Seitan in die Auflaufform geben und mit 2 Tassen Gemüsebrühe bedecken. Abdecken und 40 Minuten kochen lassen. Den Laib umdrehen, abdecken und weitere 40 Minuten backen. Nehmen Sie den Seitan aus der Form und lassen Sie ihn ruhen, bis er kühl genug ist, um ihn anfassen zu können.

b) Stecken Sie eine Gabel oben in den Seitan-Laib und halten Sie ihn mit einer Hand fest. Mit einer zweiten Gabel den Laib in kleine Stücke und Streusel zerkleinern.

c) Bereiten Sie die Sauerrahmsauce vor. Die Margarine in einem großen Topf bei mittlerer Hitze schmelzen. Das Mehl mit einem Schneebesen einrühren und 1 Minute kochen lassen. Unter ständigem Rühren langsam die Gemüsebrühe zugießen, bis eine glatte Masse entsteht.

Unter ständigem Rühren 5 Minuten kochen lassen, bis die Soße eingedickt ist. Sauerrahm und Salsa Verde unterrühren, dann die restlichen Saucenzutaten unterrühren. Nicht kochen lassen, sondern kochen, bis es durchgeheizt ist. Vom Herd nehmen und beiseite stellen.

d) Bereiten Sie die Enchiladas vor. Olivenöl in einer großen Pfanne bei mittlerer Hitze erhitzen. Fügen Sie die Zwiebel hinzu und kochen Sie sie 5 Minuten lang oder bis sie glasig ist. Knoblauch und Serrano-Chilis hinzufügen und noch 1 Minute kochen. Geriebenen Seitan, Tomatenmark, Kreuzkümmel, Chilipulver und Salz unterrühren. 2 Minuten kochen lassen, dann vom Herd nehmen.

e) Heizen Sie den Ofen auf 350 Grad Fahrenheit vor. Die Tortillas in einer Pfanne oder in der Mikrowelle erwärmen und mit einem Küchentuch abdecken. Verteilen Sie 1 Tasse Sauerrahmsauce auf dem Boden einer 5-Liter-Auflaufform. Geben Sie knapp 1/4 Tasse der geriebenen Seitan-Mischung und 1 Esslöffel Daiya auf eine Tortilla. Aufrollen und mit der Naht nach unten in die Auflaufform legen. Mit den restlichen Tortillas wiederholen. Die Enchiladas mit der restlichen Sauerrahmsauce bedecken und mit Daiya bestreuen.

f) Enchiladas 25 Minuten lang backen oder bis sie Blasen bilden und leicht gebräunt sind. 10 Minuten leicht abkühlen lassen. Mit 1/2 Tasse gehacktem Koriander bestreuen und servieren.

## 98. Veganer gefüllter Seitanbraten

Zutaten

Für den Seitan:
- 4 große Knoblauchzehen
- 350 ml Gemüsebrühe kalt
- 2 EL Sonnenblumenöl
- 1 TL Marmite optional
- 280 g lebenswichtiges Weizengluten
- 3 EL Nährhefeflocken
- 2 TL süßes Paprikapulver
- 2 TL Gemüsebrühpulver
- 1 TL frische Rosmarinnadeln
- ½ TL schwarzer Pfeffer

Plus:
- 500 g vegane Rotkohl-Pilz-Füllung
- 300 g Würziges Kürbispüree
- Metrisch – US-üblich

Anweisungen

a) Heizen Sie Ihren Backofen auf 180 °C (350 °F/Gas Stufe 4) vor.
b) In einer großen Rührschüssel das lebenswichtige Weizengluten, Nährhefe, Brühpulver, Paprika, Rosmarin und schwarzen Pfeffer vermischen.
c) Mit einem Mixer (Arbeitsgerät oder Stabmixer) Knoblauch, Brühe, Öl und Marmite mixen und dann zu den trockenen Zutaten geben.
d) Gut vermischen, bis alles eingearbeitet ist, und dann fünf Minuten lang kneten. (Anmerkung 1)
e) Rollen Sie den Seitan auf einem großen Stück Silikon-Backpapier in eine annähernd rechteckige Form aus, bis er etwa 1,5 cm dick ist.

f) Großzügig mit dem Kürbispüree bestreichen und dann eine Schicht der Kohl-Pilz-Füllung hinzufügen.
g) Rollen Sie den Seitan mithilfe des Backpapiers, beginnend an einem der kurzen Enden, vorsichtig zu einer Rolle auf. Versuchen Sie dabei, den Seitan nicht zu dehnen. Drücken Sie die Enden des Seitans zusammen, um ihn zu verschließen.

h) Wickeln Sie den Stamm fest in Aluminiumfolie ein. Wenn Ihre Folie dünn ist, verwenden Sie zwei oder drei Schichten.
i) (Ich wickle meine wie ein riesiges Toffee ein – und drehe die Enden der Folie fest zusammen, damit sie sich nicht löst!)
j) Legen Sie den Seitan direkt auf einen Rost in der Mitte des Ofens und garen Sie ihn zwei Stunden lang. Wenden Sie ihn dabei alle 30 Minuten, um eine gleichmäßige Garung und Bräunung zu gewährleisten.
k) Lassen Sie den gefüllten Seitanbraten nach dem Garen 20 Minuten in der Verpackung ruhen, bevor Sie ihn in Scheiben schneiden.
l) Servieren Sie es mit traditionell geröstetem Gemüse, selbst zubereiteter Pilzsoße und allen anderen Zutaten, die Sie mögen.

## 100. Kubanisches Seitan-Sandwich

Zutaten

- Mojo gerösteter Seitan:
- 3/4 Tasse frischer Orangensaft
- 3 Esslöffel frischer Limettensaft
- 3 Esslöffel Olivenöl
- 4 Knoblauchzehen, gehackt
- 1 Teelöffel getrockneter Oregano
- 1/2 Teelöffel gemahlener Kreuzkümmel
- 1/2 Teelöffel Salz
- 1/2 Pfund Seitan, in 1/4 Zoll dicke Scheiben geschnitten

Zur Montage:

- 4 (6 bis 8 Zoll lange) vegane U-Boot-Sandwichbrötchen oder 1 weiches veganes italienisches Brot, der Breite nach in 4 Stücke geschnitten
- Vegane Butter, zimmerwarm, oder Olivenöl
- Gelber Senf
- 1 Tasse Brot-und-Butter-Gurkenscheiben 8 Scheiben im Laden gekaufter veganer Schinken
- 8 Scheiben mild schmeckender veganer Käse (vorzugsweise amerikanischer oder gelber Käsegeschmack)

Richtungen

a) Bereiten Sie den Seitan vor: Heizen Sie den Ofen auf 375 °F vor. Alle Mojo-Zutaten außer dem Seitan in einer 7 x 11 Zoll großen Backform aus Keramik oder Glas verrühren. Die Seitanstreifen dazugeben und mit der Marinade bestreichen. 10 Minuten rösten, dann die Scheiben einmal wenden, bis die Ränder leicht gebräunt sind und noch etwas saftige Marinade übrig ist (nicht zu lange backen!). Aus dem Ofen nehmen und zum Abkühlen beiseite stellen.

b) Stellen Sie die Sandwiches zusammen: Schneiden Sie jedes Brötchen oder Brotstück horizontal in zwei Hälften und bestreichen Sie beide Hälften großzügig mit Butter oder bestreichen Sie sie mit Olivenöl. Auf die untere Hälfte jedes Brötchens eine dicke Schicht Senf, ein paar Scheiben Gurke, zwei Scheiben Schinken und ein Viertel der Seitanscheiben streichen und mit zwei Scheiben Käse belegen.

c) Etwas von der restlichen Marinade auf die Schnittseite der anderen Brötchenhälfte tupfen und dann auf die untere Hälfte des Sandwichs legen. Die Außenseiten des Sandwiches mit etwas mehr Olivenöl bestreichen oder mit der Butter bestreichen.

d) Eine gusseiserne Pfanne mit einem Durchmesser von 25 bis 30 cm bei mittlerer Hitze vorheizen. Geben Sie zwei Sandwiches vorsichtig in die Pfanne und legen Sie dann etwas Schweres und Hitzebeständiges darauf, beispielsweise eine weitere gusseiserne Pfanne oder einen Ziegelstein, der mit mehreren Lagen robuster Aluminiumfolie bedeckt ist. Grillen Sie das Sandwich 3 bis 4 Minuten lang und achten Sie dabei sorgfältig darauf, dass das Brot nicht anbrennt. Reduzieren Sie bei Bedarf die Hitze etwas, während das Sandwich gart.

e) Wenn das Brot geröstet aussieht, nehmen Sie die Pfanne/den Backstein heraus und wenden Sie jedes Sandwich vorsichtig mit einem breiten Spatel um. Nochmals mit dem Gewicht andrücken und etwa weitere 3 Minuten kochen lassen, bis der Käse heiß und schmelzig ist.

f) Entfernen Sie das Gewicht, legen Sie jedes Sandwich auf ein Schneidebrett und schneiden Sie es mit einem gezackten Messer diagonal in Scheiben. Servieren Sie ho

## ABSCHLUSS

Zum Abschluss unserer Reise durch „Pflanzenprotein-Gaumen: Tempeh- und Seitan-Kochbuch" hoffen wir, dass es Ihnen Spaß gemacht hat, die kulinarischen Wunder von Tempeh und Seitan zu erkunden. Diese pflanzlichen Protein-Kraftpakete haben uns gezeigt, dass der Verzehr gesunder, nahrhafter Mahlzeiten nicht bedeutet, auf Geschmack oder Abwechslung zu verzichten.

Tempeh und Seitan bieten eine fantastische Alternative zu tierischen Proteinen und ihre Vielseitigkeit ermöglicht es Ihnen, mit verschiedenen Küchen, Geschmacksrichtungen und Kochtechniken zu experimentieren. Ganz gleich, ob Sie ein Liebhaber pflanzlicher Produkte sind oder neugierig darauf, nachhaltigere Zutaten in Ihre Mahlzeiten zu integrieren, dieses Kochbuch bietet Ihnen eine vielfältige Auswahl an Rezepten, die Sie genießen und mit Ihren Lieben teilen können.

Wir ermutigen Sie, weiterhin die Welt der pflanzlichen Küche zu erkunden, neue Möglichkeiten zu entdecken, Tempeh und Seitan in Ihre Lieblingsgerichte zu integrieren und Ihre eigenen kulinarischen Meisterwerke zu kreieren. Das Schöne an der pflanzlichen Küche liegt in ihrer Fähigkeit, sowohl Ihren Körper als auch den

Planeten zu nähren, was sie zu einer Win-Win-Situation für Ihre Gesundheit und die Umwelt macht.

Denken Sie daran, dass jede Mahlzeit eine Gelegenheit ist, einen positiven Einfluss auf Ihr Wohlbefinden und die Welt um Sie herum zu haben. Indem Sie sich für pflanzliche Optionen wie Tempeh und Seitan entscheiden, tragen Sie zu einem nachhaltigeren und mitfühlenderen Ernährungssystem bei und genießen gleichzeitig köstliche, gesunde Kreationen.

Genießen Sie also die Aromen von Tempeh und Seitan, verfeinern Sie Ihre Mahlzeiten mit pflanzlichen Köstlichkeiten und feiern Sie die Freude am bewussten Kochen. Möge Ihre Küche weiterhin ein Ort kulinarischer Entdeckungen sein, an dem die Liebe zu nahrhaftem Essen und der Planet in Harmonie zusammenkommen.

Guten Appetit und viel Spaß beim Pflanzenprotein-Kochen!

www.ingramcontent.com/pod-product-compliance
Lightning Source LLC
LaVergne TN
LVHW021654060526
838200LV00050B/2342